OUVRAGES DE M. LÉON SÉCHÉ

SUR LE XVIe SIÈCLE

Le Petit Liré de Joachim du Bellay, avec deux eaux fortes de Vidal, 1 vol. in-8°, à la librairie académique Perrin, 1879, *épuisé*.

Œuvres choisies de Joachim du Bellay, édition du Monument, avec une notice par M. Camille Ballu, 1 vol. in-4° illustré (1894) *épuisé*.

Œuvres complètes de Joachim du Bellay, t. I contenant la *Défense et illustration de la langue françoise*, l'*Olive et quelques poésies diverses* avec un commentaire historique et critique, 1 vol. in-4°, *Revue de la Renaissance*, 1903. Prix 12 fr. (L'ouvrage sera complet en 4 volumes). Ce 1er volume a été couronné par l'Académie française.

Les Œuvres poétiques de Jacques Peletier du Mans, réimprimées d'après l'édition originale de 1547, avec une notice et un commentaire par Paul Laumonier, 1 vol. in-4°. *Revue de la Renaissance* 1904. Prix 12 fr.

Revue de la Renaissance, organe international des amis du XVIe siècle et de la Pléiade, paraissant tous les deux mois sous la direction de M. Léon Séché. — 4e année (couronnée par l'académie française en 1903, prix Saintour).

Abonnements : Paris et départements, un an 20 fr.
Etranger .... — 25 »

On s'abonne à la librairie Sansot et Cie.

JOACHIM DU BELLAY

(d'après un croquis de la Bibl. Nat.)

JOACHIM DU BELLAY

La Défense et Illustration de la Langue Française

Avec une Notice biographique et un Commentaire historique et critique

PAR

LÉON SÉCHÉ

BIBLIOTHÈQUE INTERNATIONALE D'ÉDITION

*E. SANSOT & Cie*

53, RUE SAINT-ANDRÉ-DES-ARTS, 53

MCMV

Il a été tiré de cet ouvrage douze exemplaires numérotés sur Hollande Van Gelder Zoonen.

LA DEFFENCE, ET ILLUSTRATION DE LA Langue Francoyse.

Par I. D. B. A.

Imprimé à Paris pour Arnoull'Angelier, tenāt sa Bouticque au second pillier de la grand' sale du Palays.

1549.

AVEC PRIVILEGE.

(Fac-simile du titre de l'édition de 1549)

TABLE DES MATIÈRES

AVERTISSEMENT DES ÉDITEURS

La *Défense et Illustration de la Langue française* ne se trouvant plus en librairie que dans des éditions inaccessibles au vulgaire, et cet ouvrage de Joachim du Bellay figurant au programme de la licence ès-lettres, nous avons pensé à en publier une nouvelle édition d'un format commode et d'un prix moyen.

Mais cette réimpression ne pouvait à nos yeux se passer d'une notice biographique ni d'un commentaire historique et critique. Nous avons demandé l'une et l'autre à l'écrivain de ce temps qui connaît le mieux le poète du « petit

Liré », et M. Léon Séché a bien voulu résumer pour nous, dans la substantielle notice qu'on lira, la *Vie* de Joachim du Bellay à laquelle il travaille depuis de longues années ; de plus, il nous a donné l'autorisation de reproduire, à la suite de la *Défense*, le commentaire qu'il a écrit pour l'édition complète des œuvres du poète angevin, dont le premier volume a été couronné par l'Académie française en 1903. (Prix Saintour).

Nous espérons donc que le public universitaire auquel s'adresse principalement notre édition lui fera l'accueil qu'elle mérite.

Paris, octobre 1904.

NOTICE BIOGRAPHIQUE

SUR

JOACHIM DU BELLAY

Joachim du Bellay naquit au manoir de la Turmelière, en Liré : petit bourg d'Anjou situé sur la rive gauche de la Loire, en face de la ville d'Ancenis à laquelle il est relié par un très beau pont suspendu.

On ignore la date exacte de sa naissance, mais comme il a dit dans un sonnet des Regrets :

Tu me croiras, Ronsard, bien que tu sois plus sage
Et quelque peu encor, ce croy-je, plus agé,

et comme, dans une pièce du Bocage royal, *parlant de la mort de son ami, Ronsard a dit de son côté :*

Je pleurois du Bellay qui estoit de mon age,

on peut en conclure qu'il naquit entre 1524 et 1525, puisque Ronsard était du 11 septembre 1524.

Joachim était le plus jeune des quatre enfants issus du mariage de Jehan du Bellay, seigneur de Gonnor, et de Renée Chabot, dame de la Turmelière et de Liré.

Jehan du Bellay était fils d'Eustache, oncle paternel du Cardinal, de Langey et Martin du Bellay, qui illustrèrent la famille un peu plus tôt que Joachim. On ne sait rien de lui, sinon qu'en 1489 il fut envoyé de La Rochelle à Brest comme commandant en second avec une compagnie de 40 lances au secours de Henri de Monestay que le maréchal de Rieux assiégeait dans cette place. C'est ce qui a fait dire à Moreri et autres historiographes qu'il avait été gouverneur de Brest ; mais il ne figure point sur la liste des gouverneurs de cette ville.

Joachim avait sept ans à peine quand il perdit ses parents. Il a raconté dans sa belle élégie latine à Morel qu'il fut élevé sous la tutelle de son frère aîné lequel aurait manqué aux devoirs de sa charge en se désintéressant de son éducation première. Si cela était, René eût été d'autant plus coupable, qu'il avait sous la main l'Université d'Angers qui était déjà très florissante et toute pleine des souvenirs de sa famille. Mais Joachim n'a-t-il pas exagéré les choses ? J'aime mieux croire pour ma part qu'en présence du mauvais état de sa santé et de la délicatesse de sa complexion, son frère se contenta de lui faire donner sous ses yeux, au château de la Turmelière ou peut-être au petit collège d'Ancenis, des leçons de latin et de français. En tout cas, il n'est pas admissible qu'il soit allé à Poitiers pour y faire son droit sans avoir un peu de latinité, car le temps nécessaire lui aurait manqué pour mener de front dans cette ville l'étude du latin et celle du droit, sans parler du reste. Si, comme il est probable, il arriva à Poitiers en 1545 — aussitôt qu'il eût atteint sa majorité (1) — il ne serait resté à Poitiers que trois ans à peine, puisqu'en 1548 il était à Paris. Ce n'est pas dans ce laps de temps, quelque ardeur qu'il y mît, qu'il aurait pu acquérir toutes les connaissances dont il fit preuve, en 1549, dans la Deffence et Illustration de la langue française, *et nous savons par ailleurs que la plupart des étudiants en droit qui n'en voulaient pas faire leur carrière, se bornaient à ouvrir les* Pandectes *et les* Institutes *sous un maître plus ou moins illustre, et s'en revenaient au bout de deux ou trois ans au logis paternel.*

Quoi qu'il en soit, ce n'est pas sans raison que Joachim choisit la ville de Poitiers pour y faire son droit. Il y était attiré non seulement par la grande réputation dont jouissait au XVIe siècle l'Université de cette ville, mais encore par le souvenir de Jean VI du Bellay, son grand'oncle, qui durant son épiscopat, avait beaucoup fait pour le développement de la faculté des belles-

(1) *D'après la Coutume d'Anjou, la majorité était atteinte à vingt ans.*

lettres, et de Martin du Bellay, frère de son grand'père, qui était chanoine de l'église de Poitiers, en 1506.

L'Université de Poitiers était alors une des plus fréquentées de toute la France. Etablie le 29 mai 1431, elle possédait les quatre facultés, et celle du droit civil était particulièrement renommée. Au temps de Louis XII elle ne comptait pas moins de 4.000 étudiants français, italiens, flamands, écossais ou allemands. On y venait de tous les points de l'Europe. Christophe de Longueil écrivait en 1510 que dans un seul jour il avait été entouré de plus de sept ou huit cents jeunes gens. Dix collèges préparaient aux hautes études cette population scolaire dont les occupations, s'il faut en croire Rabelais, n'étaient pas toujours très scientifiques. On disait les flûteurs et joueurs de paume de Poitiers, comme on disait les danseurs d'Orléans, les brayards d'Angers, les crottés de Paris, les brigueurs de Pavie et les amoureux de Turin. A dater du XVIe siècle, le cours complet des études comprit trois classes de grammaire, appelées cinquième, quatrième et troisième, une classe d'humanité et une de rhétorique, puis venait la philosophie qui se faisait généralement en deux années et enfin la théologie qui resta dans le programme. Pour être admis en cinquième, il suffisait de savoir lire et écrire. On se livrait ensuite à l'explication de quelques passages de l'Écriture sainte, que l'on abandon-

nait vite pour passer à l'interprétation des poètes, tels que Virgile, Horace, Ovide. L'usage des collèges alors était qu'un professeur donnât trois leçons par jour (1). Telle était l'Université de Poitiers quand Joachim y arriva.

(1) *J'emprunte ces renseignements au livre de M. Joseph Delfour, intitulé :* Les Jésuites à Poitiers, *et aussi les suivants dont le lecteur pourra faire son profit :*

« Le premier et le principal livre qu'on mettait entre les mains des élèves était la Méthode de grammaire latine *composée par un certain Michel, de Naples, pour les jeunes gens qui se préparaient à l'étude des belles-lettres. Elle parut à Poitiers en 1490. A cette époque, Michel professait les humanités au collège de Montanaris, sous les ordres d'Antoine de Montanaris, dont il était le compatriote. C'est même à la requête, et aussi très probablement aux frais du richissime abbé, que cette grammaire latine fut rédigée et imprimée à Poitiers... En rhétorique, on se livrait à des exercices classiques, tels que discours, plaidoyers, dont un professeur du collège de Puygarreau nous a donné le modèle dans une pièce de ses ouvrages. Le sujet traité est de savoir* lequel est préférable de la guerre ou de la paix. *Il y a trois orateurs. Deux soutiennent, chacun, une opinion contradictoire. Le troisième est un artiste. Le premier fut J. Engaignus, dont le nom paraît difficile à traduire en français. Le deuxième fut J. Pinaud ; le troisième Jacques Nau, tous trois Poitevins... Dans une congrégation générale tenue le 9 octobre 1488, les principaux des collèges, pour avoir, lorsqu'ils enseignaient, un nombre suffisant d'auditeurs, étaient convenus d'enseigner tour à tour la philosophie et la morale d'Aristote. En 1494, ils décidèrent que l'enseignement des vieux textes ne serait plus donné qu'à tour de rôle dans chaque collège. Le collège de Sainte-Marthe fut désigné pour commencer le premier ; celui de la Serenne devait terminer la série en 1500. »*

On aimerait à connaître le nom du collège où il fit ses études. A défaut de renseignements certains, j'incline à croire que ce fut au collège Sainte-Marthe où Muret enseignait les belles-lettres. Toujours est-il qu'il passa environ trois ans à Poitiers. Colletet raconte qu'il se soumit dans ce laps de temps à un tel régime, que « par la force de son esprit et par ses veilles assidues, il devint un grand jurisconsulte. » Qu'en savait-il ? Joachim n'a jamais, que je sache, eu l'occasion de montrer ses connaissances juridiques. Colletet aurait pu se borner à dire que « s'il eût suivi cette profession il n'y a point de doute qu'il n'eût tenu un rang honorable parmi les plus grands jurisconsultes du siècle. »

Tout en étudiant le droit, Joachim se mit à courtiser la Muse qui « dès son enfance avait guidé le cours de son plaisir. » Il se lia avec Aubert, son futur éditeur, avec Scévole de Sainte-Marthe et ses frères, Jean de la Péruse, Bergier de Montembœuf, Tiraqueau, Salmon Macrin, Fauveau, Muret, et prit même part avec ces deux derniers à un concours poétique dont le sujet était une épigramme amoureuse. Mais je doute fort que Salmon Macrin qui, au dire de Sainte-Marthe, accorda la palme de ce concours à Fauveau, ait conseillé le premier, à Joachim, d'écrire en français. Macrin était bien trop latiniste pour cela ! Je crois plutôt qu'il fut son vrai précepteur dans la prosodie latine. En tout cas il est certain que ce fut sa ren-

contre, en 1546, avec Jacques Peletier du Mans qui décida le poète angevin à écrire dans sa langue maternelle.

Où se rencontrèrent-ils ? Nous ne le savons pas au juste, mais il est probable que ce fut à Poitiers. Peletier du Mans qui durant cinq années avait été le secrétaire de René du Bellay, évêque de cette ville, était depuis 1545 principal du collège à Paris, mais comme il ne pouvait pas tenir en place et qu'il était toujours par voies et par chemins, je pense qu'il aura été attiré dans la capitale du Poitou par la grande réputation de son Université ; peut-être aussi, comme il le fit beaucoup plus tard, y était-il allé chercher quelque professeur (1).

Quoi qu'il en soit, il est certain que Joachim et lui se connurent en 1546 et que cette rencontre eut une influence décisive sur l'esprit et le choix de la carrière de Joachim.

*Peletier venait de publier une traduction de l'*Art poétique *d'Horace qui n'était pas très bonne mais qui était précédée d'une préface dédiée à Crétofle Perrot, sénéchal du Maine, où l'on sentait déjà courir l'esprit nouveau qui, trois ans après, anima la* Deffence.

Tout en rendant hommage au génie des langues latine et grecque à qui nous étions redevables de « la meilleure part des choses

(1) *Cf. notre édition des* Œuvres poétiques *de J. Peletier du Mans*, Revue de la Renaissance 1904.

mémorables du temps passé » ; tout en soutenant qu'il était impossible de proprement parler ni proprement écrire notre langue « sans acquisition de toutes deux » ou pour le moins de la langue latine, Peletier déplorait le mépris où les savants, ses contemporains, tenaient la langue maternelle. Les Romains, disait-il, n'ont pas plus sacrifié le latin au grec, que les Italiens n'ont sacrifié le toscan au latin. Et il félicitait chaudement Jean Le Maire de Belges et tous ceux qui, comme lui, s'efforçaient de travailler au progrès de notre idiome naturel.

Ce langage neuf et hardi fit d'autant plus d'impression sur Joachim, que Peletier avait en portefeuille, comme autant de pièces justificatives, des sonnets et des odes composés par lui à l'imitation de Pétrarque et d'Horace. Une de ces odes même était de Pierre de Ronsard, jeune gentilhomme du Vendômois, dont il avait fait la connaissance du mois de mars 1543, lors des funérailles de Langey du Bellay (1), et avec qui, depuis lors, il n'avait cessé d'échanger des idées et des vers.

Odes et sonnets de Peletier devaient paraître

(1) *On savait que Ronsard avait été tonsuré au Mans le 6 mars 1543, mais on ignorait dans quelles circonstances. C'est en lisant le procès-verbal des funérailles de Langey du Bellay que je trouvai ce qu'on cherchait. Il appert, en effet, de ce procès-verbal que le père de Ronsard tenait un des coins du poêle aux obsèques du grand capitaine, lesquelles furent célébrées en grande pompe au Mans le 5 mars de la même année.*

prochainement dans un nouveau recueil poétique, à la suite du premier livre des Géorgiques, *qu'il comptait dédier au cardinal du Bellay, et de quelques pièces d'allure légère, dont celle-ci adressée à un poète qui n'écrivait qu'en latin :*

J'escri en langue maternelle
Et tasche à la mettre en valeur :
Affin de la rendre éternelle,
Comme les vieux ont fait la leur :
Et soutien que c'est grand malheur
Que son propre bien mespriser
Pour l'autruy tant favoriser.
Si les Grecs sont si forts fameux,
Si les Latins sont aussi telz
Pourquoy ne faisons-nous comme eux
Pour estre comme eux immortelz ?
Toy qui si fort exercé t'es
Et qui en Latin escris tant,
Qu'es-tu sinon qu'un imitant ?

En écoutant Peletier, Joachim ressentit comme un coup de foudre poétique. De ce jour il renonça à l'étude du droit et se mit à rimer des sonnets et des odes, dans le goût et sur le conseil du maître manceau.

Il ne lui restait plus qu'à faire la connaissance de Ronsard, et nous savons qu'il le rencontra par hasard dans une « hostellerie », comme il s'en revenait de Poitiers.

Binet dit que cette rencontre fameuse eut lieu « environ l'an 1549 », mais il se trompe au moins de deux ans. N'oublions pas, en effet, que c'est en 1549 que parut la Deffence *et qu'elle fut le fruit d'une gestation assez longue. Suivant moi, il convient de placer cette rencontre au mois d'août 1547. Je ne sais pas d'où venait Ronsard, mais s'il est vrai, comme l'assure Binet, que Joachim s'en revenait de Poitiers, ses études finies, ce ne pouvait être en 1546, puisqu'il y resta de deux à trois ans ; ce n'était pas davantage en 1548, puisqu'à cette époque il était au Collège Coqueret. En 1547, au contraire, il pouvait d'autant plus utilement accepter l'offre de Ronsard de le rejoindre à Paris, que Jean Dorat, venait de prendre la direction du collège Coqueret, par suite de la mort de Lazare de Baïf (1).*

Ce collège était peut-être le plus humble de tous ceux qui s'élevaient au penchant de la Montagne Sainte-Geneviève. Il faut dire aussi que dans les premiers temps, son fondateur, Nicolas Coquerel ou Coqueret, qui était bachelier en théologie et chanoine d'Amiens, s'était contenté d'en faire une de ces petites maisons de charité dont les élèves pauvres d'un même diocèse suivaient les cours de l'Université. Ce n'est que plus tard, qu'il y installa une « pédagogie de plein exercice ».

(1) On sait qu'après la mort de son père, arrivée en 1544, Ronsard fut confié aux soins de Jean Dorat par Lazare de Baïf qui l'avait chargé de l'éducation de son fils Antoine, et que Lazare de Baïf mourut quelque temps après François Ier.

Il était situé sur la paroisse Saint-Hilaire, en bordure de la rue Chartière, et l'on peut voir encore au n° 11 de cette rue, sur sa lourde porte cintrée, la coquille symbolique qu'on y avait sculptée en plein bois, pour se conformer à un usage du temps. C'est d'ailleurs tout ce qu'il en reste. La ville de Paris devrait bien donner à cette rue Chartière le nom de Ronsard ou de Jean Dorat, en souvenir de ce collège qui fut le berceau de l'école poétique de 1550.

A peine Dorat en avait-il pris la direction, qu'il y ouvrit une Académie *où, à côté de ses élèves préférés qui, comme Ronsard, Baïf et du Bellay, s'étaient mis directement sous sa férule, il admit à suivre ses cours tous les étudiants du dehors, quel que fut leur âge, qui voulaient parachever leurs humanités. C'est ainsi qu'au bout de quelques mois Ronsard, qui se posait déjà en chef d'école, put former sa* Docte Brigade *avec Denisot, Bergier de Montembœuf, Abel de la Hurteloire, René d'Urvoy, Ange Capel, Claude de Lignery, Pierre des Mireurs, Jodelle et Remi Belléau qu'il avait enrôlés, derrière Joachim, sous la bannière du précepteur de Baïf. La* Pléiade *ne vint que longtemps après et fut comme une sélection. Encore renferma-t-elle au début plus des sept étoiles dont elle finit par se composer.*

De tous ces jeunes gens qui brûlaient d'une même ardeur pour la poésie, le plus pressé de se produire, de mettre la plume au vent, comme il disait, était certainement Joachim. N'ayant pu se faire un nom dans les armes, il était impatient de s'en faire un dans les lettres. Aussi, quand Thomas Sibilet publia son Art poétique *qui avait l'air d'une provocation, d'un défi à la nouvelle école, Joachim s'empressa de relever le gant et riposta par son manifeste de la* Deffence. *Comme je raconte plus loin toute l'histoire de ce livre, je n'en dirai qu'un mot ici, pour réfuter l'erreur dans laquelle est tombé Sainte-Beuve à l'endroit de ce libelle, et derrière lui la plupart des critiques qui acceptent ses arrêts, les yeux fermés.*

« On ne saurait douter, dit-il, que ce coup ne partît de lui (Ronsard) au moins autant que de du Bellay, et ce serait à la fois une erreur et une injustice d'attribuer à celui-ci une priorité qui appartient évidemment *à l'autre ».*

*J'en demande bien pardon à Sainte-Beuve, mais cela n'est pas aussi évident à mes yeux qu'aux siens. Pour que la priorité de la Deffence, revînt de droit à Ronsard, il faudrait entre autres choses, qu'il fût prouvé que les idées de réforme exprimées par Peletier dans la dédicace de sa traduction de l'*Art poétique *d'Horace étaient personnelles au Vendômois, et cette preuve est encore à faire.*

Sainte-Beuve dit encore : « Sans du Bellay, Ronsard n'eût rien perdu de ses idées ». J'en tombe d'accord avec lui, mais pourquoi ajoute-t-il que sans Ronsard il est douteux que du Bellay *se fût jamais livré à la poésie, surtout au genre alors moderne de haute et brillante poésie ? Est-ce que l'*Olive *dont certains sonnets sont d'une envolée magnifique doit vraiment tant à Ronsard ? J'ai déjà dit que je la croyais antérieure à l'entrée de Joachim au collège Coqueret — pour la partie au moins qui fut publiée en 1549. Sainte-Beuve lui même la croyait antérieure à la* Deffence. *Qu'est-ce à dire ? s'il y avait regardé de plus près, s'il avait eu pour Peletier l'estime qu'il mérite et qu'il lui accorda beaucoup plus tard, j'estime que l'illustre critique aurait pu trouver dans le premier recueil de vers de Joachim plus d'une réminiscence des* Œuvres poétiques *du maître manceau, ne fut-ce que le* Chant *du* Désespéré *qui parut dans la première édition de l'*Olive.

Pour en revenir à la Deffence, *je pense donc que Ronsard et les autres compagnons de la « docte brigade » n'y collaborèrent qu'indirectement et que c'est Joachim seul qui tint la plume. Sans doute il consulta ses amis avant de rédiger son manifeste; sans doute il leur lut son travail et tint compte de leurs observations. Ainsi fit Pascal quand il écrivit les* Provinciales. *Cependant il n'est jamais venu à l'idée de personne de chercher dans ce livre immortel quelle fut la part de Nicole ou d'Arnauld, parce que c'est le style qui fait et porte le livre, et que, si elles reflètent d'un bout à l'autre l'esprit de Port-Royal, les* Petites Lettres *sentent la main qui les a écrites. J'en dirai autant de la* Deffence, *toutes proportions gardées. Alors même que Joachim n'aurait été que le théoricien et le porte-parole de la Pléiade, ce manifeste n'en serait pas moins son œuvre, originale et personnelle, parce que, sans parler du passage où il est fait allusion à ses affaires domestiques (1), on y trouve toutes les qualités et tous les défauts de son style : la fluidité, l'abondance, l'éloquence diserte, la faiblesse d'argumentation, un goût souvent douteux mais plus sûr que celui de Ronsard, et cette morgue hautaine qui, chaque fois qu'il discute, trahit le gentilhomme (2). Je ne vois pas d'ailleurs qui aurait pu écrire la* Deffence *à sa place, parmi ses camarades du collège Coqueret. Ronsard n'avait pas la plume facile et voulait débuter par un livre d'odes ; de plus il portait un nom qui ne disait rien encore à l'oreille du grand public. Baïf était beaucoup trop jeune et n'était pas suffisamment armé pour la lutte. Dorat qui était surtout un helléniste et un humaniste, était obligé par sa situation de principal d'observer une grande réserve. C'est donc heureux pour la Pléiade que Joachim se soit trouvé là pour réfuter et compléter l'*Art poétique *de Thomas Sibilet, car si la réforme de Ronsard se fût accomplie quand même sans la*

(1) *Chap. V, livre II.*

(2) *Et dans la préface de l'*Olive, *parlant de ce manifeste, il dit « ma Deffence » pour bien marquer qu'il était son œuvre.*

Deffence, *comme le dit judicieusement Sainte-Beuve, il est permis de penser qu'elle se serait produite plus tard, dans des conditions beaucoup moins favorables et qu'elle n'aurait peut-être jamais retrouvé l'éclat de ce coup de trompette.*

Ainsi donc la Deffence *est bien l'œuvre de Joachim. A peine avait-elle paru en librairie, que Joachim publia l'*Olive*, comme pour joindre l'exemple au précepte. Pasquier, dans ses* Recherches de la France, *dit que l'*Olive *plut surtout par sa nouveauté. Elle était, en effet, très neuve. C'était la première fois qu'un poète français tressait une couronne de sonnets en l'honneur de sa dame ; que si les sonnets de Joachim laissaient quelque peu à désirer et comme fond et comme forme, ils étaient quand même d'une jolie facture personnelle. On pouvait leur reprocher d'être trop libres de rime, d'avoir une coupe par trop italienne et par endroits de laisser trop voir la trame pétrarquiste, mais on était bien forcé de reconnaître qu'ils étaient chantants, qu'ils avaient des ailes, et que, s'ils étaient plus ou moins imités ou translatés de l'italien, ils donnaient à force d'art, l'illusion, la sensation d'une œuvre vraiment originale. Un exemple. On sait que M. Vianey, le distingué professeur de l'Université de Montpellier, a trouvé les* Sources *de l'*Olive *et démontré que le fameux sonnet de l'*Idée *qui porte le nº 113 dans ce recueil, avait été emprunté par Joachim à un poète italien nommé Daniello. Examinons les* *textes et comparons-les. Voici d'abord le sonnet italien dans sa traduction littérale :*

Si notre vie est un jour bref et obscur auprès de l'Éternel, et plein de chagrins et de maux, et si beaucoup plus rapides que les vents et les traits tu vois les années s'en aller et ne plus faire de retour ; — mon âme, que fais-tu ? Ne vois-tu pas que tu es ensevelie dans une aveugle erreur au milieu des fâcheux soucis mortels ? Puisque des ailes t'ont été données pour voler à l'Éternel, au haut séjour, — secoue-les, car il en est désormais bien temps, afin de sortir de cette glu mondaine qui est si tenace, et déploie-les vers le ciel par le plus court chemin : — là est le souverain bien que tout homme désire ; là, le vrai repos ; là, la paix, qu'en vain tu vas cherchant ici-bas.

Voici maintenant le sonnet de l'Olive :

Si nostre vie est moins qu'une journée
En l'éternel, si l'an qui fait le tour
Chasse nos jours sans espoir de retour,
Si périssable est toute chose née,

Que songes-tu, mon âme emprisonnée ?
Pour quoy te plaist l'obscur de notre jour,
Si pour voler en un plus clair séjour,
Tu as au dos l'aile bien empennée ?

Là est le bien que tout esprit désire,
Là, le repos où tout le monde aspire,
Là est l'amour, là, le plaisir encore,

Là, ô mon âme, au plus haut ciel guidée,
Tu y pourras recognoistre l'idée
De la beauté qu'en ce monde j'adore.

Eh bien ! je vous le demande, peut-on dire que Joachim a traduit purement et simplement le sonnet italien ? évidemment non. D'abord, il lui a donné des ailes : au lieu d'une méditation verbeuse et molle, il en a fait, pour me servir d'un terme cher à Alfred de Vigny, une élévation courte et sublime. Non seulement il lui a pris tout ce qu'il avait de bon, mais il y a ajouté le vers admirable :

Si périssable est toute chose née

sur lequel tombe le premier quatrain et qui sert en quelque sorte de tremplin au vers suivant. Il a mis du rêve là où il y avait de l'action,

Que songes-tu, mon âme emprisonnée ?

a une autre valeur poétique que l'expression : ô mon âme, que fais-tu ? Et le dernier tercet, tout entier de la main de Joachim, donne au sonnet, tel qu'il l'a construit, une signification, une portée, un couronnement, qui lui manquaient.

L'Olive *était donc, malgré ses défauts, un livre neuf et de bonne qualité. Il ne faudrait pas cependant en mesurer la valeur au succès que ce livre a obtenu de tout temps auprès des lecteurs. Les* Antiquités *et les* Regrets *le laissent bien loin derrière eux, les* Jeux Rustiques *aussi. Mais aucun de ces trois derniers recueils n'a piqué la curiosité du public au même degré que* l'Olive. *Pourquoi ? à cause de la dame mystérieuse, inconnue, que le poète a chantée sous ce nom. On a cru pendant longtemps, et moi tout le premier, que ce mot d'*Olive *était l'anagrame du nom d'une demoiselle Viole qui aurait été la maîtresse de Joachim. Je crois avoir démontré que cette légende n'est qu'une légende, que l'inspiratrice de l'*Olive *ne fut qu'une maîtresse idéale ou que, si quelque grande dame l'avait incarnée aux yeux du poète, ce ne pouvait être que Marguerite de France, la sœur unique du roi Henri II. Qu'on médite ces deux vers de Dorat tirés de l'épigramme qu'il fit pour l'*Olive.

Phœbus amat laurum, glaucam sua Pallas Olivam.
Ille suum vatem nec minus ista suum.

Est-ce que Marguerite n'avait pas reçu le surnom de Minerve ou Pallas de la France ? n'avait-elle pas pour devise « un rameau d'olivier *entortillé de deux serpents entrelacés l'un dans l'autre, avec ces mots :* Rerum sapientia custos ? *Ne fut-elle pas, du commencement à la fin de sa vie littéraire, la protectrice de Joachim ? Ne l'a-t-il pas célébrée sur tous les tons, et quand elle quitta la France, à la suite de son mariage avec le duc Emmanuel-Philibert, de Savoie, ne versa-t-il pas de vraies larmes en jetant ce cri poignant vers le ciel :* Spes et fortuna, valete ? *Je n'insiste pas davantage et je renvoie le lecteur que cette thèse intéresserait au commentaire de mon édition de l'*Olive *où je l'ai développée longuement.*

*L'*Olive *était à peine parue, que Joachim qui n'avait plus rien à faire au collège Coqueret éprouva le besoin de se pousser à la Cour. Non qu'il eût déjà l'ambition d'obtenir quelque office et de jouer au Louvre le rôle qu'il a si durement censuré dans le* Poète courtisan. *L'ambition des honneurs et des charges ne devait lui venir que sur le tard. Dans le moment celle qu'il nourrissait était plus noble et plus haute. Il se souvenait des services que Langey et le Cardinal avaient rendus au roi dans la guerre et la diplomatie, et maintenant qu'il avait un nom, il brûlait de servir le roi à son tour, non seulement en célébrant sur le mode dithyrambique les exploits qu'il pourrait accomplir, mais encore et surtout en forçant tous ceux qui l'entouraient d'accepter la réforme littéraire qu'il avait prônée, ne l'oublions pas, dans une intention toute patriotique. Cela résulte pour moi des passages mêmes de la* Deffence *qu'on a interprétés dans un sens contraire. Mais quels moyens allait-il prendre pour arriver à la cour ou quels hommes allaient lui en faciliter l'accès ? Le Cardinal du Bellay, son cousin, était à Rome et avait perdu les trois quarts de son crédit au Louvre depuis la mort de François 1er, mais il avait des amis à Paris qui avaient l'oreille de la princesse Marguerite, et chacun sait que la faveur de la sœur unique de Henri II valait autant que celle du roi. Au nombre des amis du Cardinal étaient Michel de l'Hospital, Salmon Macrin et Jean de*

Morel, qui lui devaient une bonne part de leur fortune. Ces trois hommes de cœur et de talent, en combinant leurs efforts, assurèrent à leur tour la fortune de Joachim et du même coup celle de Ronsard. L'Hospital était entré à la Cour, comme précepteur des comtes de Tendre; Macrin, en qualité de valet de chambre du roi. Quant à Morel, après avoir été chargé par Catherine de Médicis de l'éducation de Henri d'Angoulême, fils naturel de Henri II, il avait été nommé gentilhomme de la reine et maître d'hôtel du roi, et c'est lui qui avait introduit L'Hospital auprès de la princesse Marguerite, à son retour d'Italie où il était allé représenter la France au concile de Bologne. Or, le retour de L'Hospital s'était effectué à la fin de l'année 1548, quelques mois seulement avant l'apparition de la Deffence. *Le futur chancelier assista donc à la bataille qui fut livrée autour de ce manifeste, et comme il en partageait les idées de réforme, comme il connaissait déjà Joachim pour l'avoir rencontré chez Morel où fréquentait Dorat et pour en avoir entendu parler par Salmon Macrin dès le temps où Joachim étudiait à Poitiers, il se fit un devoir de mettre au service du cousin du Cardinal l'influence dont il disposait à la Cour. Jean de Morel fit le reste.*

L'amitié reconnaissante que du Bellay voua à Morel et qu'il ne cessa de lui témoigner jusqu'à sa mort, date évidemment du jour où le gentilhomme embrunois présenta le poète à Madame

Marguerite. Cette présentation eut lieu quelques jours après l'entrée solennelle du roi Henri II à Paris, que Joachim célébra, en même temps que Ronsard, dans sa Prosphonématique.

Madame Marguerite qui accompagnait la reine Catherine de Médicis, était descendue aux Tournelles, le 18 juin. Après avoir lu la Deffence *et l'*Olive *que Morel lui avait mises délicatement sous les yeux, elle demanda à voir le poète et elle lui fit si bon accueil, que Joachim, qui était déjà quelque peu découragé de n'avoir encore tiré aucun profit de ses premières œuvres, « connut ses petits labeurs lui avoir été agréables » et se remit au travail avec plus d'ardeur que jamais.*

Un coup d'œil de Louis enfantait des Corneille.

Le sourire de Madame Marguerite n'eut pas précisément la même vertu sur l'esprit de Joachim. Cependant nous devons savoir gré à cette princesse de l'avoir pris sous sa protection, car sans elle il eût peut-être renoncé à la poésie, et vraiment c'eut été grand dommage et pour lui et pour nous.

Madame Marguerite ne se contenta pas, d'ailleurs, de l'encourager par de bonnes paroles ; quand il eut terminé son Recueil de poésies *qui parut à la fin de 1549 ou au commencement de 1550, elle lui demanda de « le mettre en lumière sous son nom » ce qui lui était un honneur insigne, et l'on pense bien qu'il ne se le fit pas dire deux fois.*

*Dans ce recueil Joachim n'était pas en progrès sur l'*Olive, *cependant il s'y trouve deux ou trois pièces remarquables, entre autres celle qu'il dédia à Madame Marguerite sous le titre* D'escrire en sa langue *et qui n'est que la paraphrase poétique de l'idée maîtresse de la* Deffence. *Le* Poète courtisan *doit être du même temps, quoique Joachim ne l'ait fait imprimer que dix ans plus tard. En tout cas Aubert qui savait à quoi s'en tenir sur les circonstances dans lesquelles cette maîtresse satire fut composée, n'a pas hésité à la mettre à la suite du* Recueil de poésies, *quand il publia l'édition posthume des œuvres de Joachim.*

Cependant celui-ci tomba malade entre la publication de son Recueil de poésies *et celui de ses* Traductions *et* Inventions. *De quelle nature était sa maladie ? Nous n'en savons que ce qu'il nous en a dit lui-même dans son* Elégie à Morel *et dans quelques vers de l'*Avant-retour en France de Monseigneur Reverendissime, Cardinal du Bellay (1). *Mais je crois bien qu'il avait apporté à Paris les fièvres paludéennes dont il avait*

(1) Alors que les fièvres cruelles
Mes os vont ronger de si près
Qu'ils n'ont quasi plus de moëlles,
Ja — desjà me montroit la Parque
De Charon la fatale barque.

ressenti les premiers accès à la Turmelière, car le val de Liré qui est resté très marécageux a toujours été malsain, et les fièvres réglées y sont toujours en permanence. Moi-même qui suis né en face, j'en ai souffert longtemps dans ma jeunesse. Je dois ajouter que la maladie de Joachim fut aggravée par des chagrins de toute sorte. Ce fut d'abord la mort de Gélonis, *la femme de Macrin, arrivée le 14 juin 1550 et qui lui inspira ses très belles stances au poète de Loudun. Ensuite ce fut la mort de son frère René (juillet 1551) qui lui confia la tutelle de son fils unique et le règlement d'affaires domestiques très embarrassées. Heureusement qu'entre ces deux pertes cruelles, le cardinal du Bellay lui apporta d'Italie un peu d'espoir et de réconfort.*

J'ai dit qu'ils étaient cousins, mais comme il n'y avait pas d'intimité entre les deux branches de leur famille, et que depuis la naissance de Joachim, le Cardinal avait presque toujours été hors de France, ils ne s'étaient pas encore vus. Ce n'est donc pas le Cardinal qui avait suggéré au poéte l'idée de faire son droit, comme l'a supposé Sainte-Beuve, mais dès qu'il fut mis en sa présence, vers le milieu de l'année 1550, il ressentit pour lui une très vive sympathie qui ne tarda pas à se changer en affection. Je crois même qu'il l'emmena avec lui dans sa terre du Maine, au château de Glatigny qui fut son berceau et qu'on peut voir encore presque intact dans sa robe de briques losangées, sur le petit coteau où il est assis, non loin du village de Souday (Loir-et-Cher), et que c'est à Glatigny que Joachim fit la connaissance de Rabelais.

Toujours est-il qu'après avoir publié son volume des Traductions *et* Inventions, *Joachim tourna les yeux vers l'Italie où le Cardinal s'apprêtait à retourner d'un jour à l'autre. « J'aime la poésie, disait-il dans la seconde préface de l'*Olive, *mais je n'y suis tant affecté que facilement je m'en retire, si la fortune me veult présenter quelque chose où avecques plus grand fruict je puisse occuper mon esprit ». Du moment que « le champ était infertile et peu fidèle au laboureur » disait-il encore, à quoi servait-il de le labourer plus longtemps ? et il chantait :*

Adieu, ma Lyre ; adieu les sons
De tes inutiles chansons ;
J'ay trop à vos yeux asservie,
La meilleure part de ma vie.

La fortune, sous les traits du Cardinal, lui ayant offert une charge d'intendant à Rome, il l'accepta avec empressement, et vers la fin d'avril 1553, il se mit en route pour l'Italie en passant par Lyon et Genève.

II

Le séjour de Joachim à Rome dura un peu plus de trois ans. Si la Ville Eternelle ne répondit pas entièrement à son attente, si même il y trouva plus de sujets de tristesse que de joie, cela tenait beaucoup à son caractère mélancolique et aussi à la nature des fonctions qu'il remplissait auprès du Cardinal, car nous verrons tout à l'heure que ce n'était pas une sinécure. Mais Rome, si fiévreuse par elle-même, lui rendit le service de le débarrasser de la fièvre paludéenne qui le minait à Paris et dont il avait ressenti les derniers frissons durant son voyage. Et si elle le trempa dans les larmes, elle n'en exerça pas moins sur lui une influence des plus heureuses, puisqu'elle lui inspira non seulement ses plus beaux vers, mais encore les plus beaux chants qui soient sortis, au XVIe siècle, d'une lyre française. Je ne parle pas des Antiquitez, *mais des* Jeux Rustiques *et surtout des* Regrets, *quoique les* Antiquitez *ne soient pas à dédaigner dans son œuvre. Pour les apprécier à leur juste valeur il faut sans doute faire la part de l'imitation et des emprunts du poète. Joachim ne s'était pas encore dégagé des souvenirs classiques; les vers de Virgile, d'Horace et d'Ovide, sans parler de ceux de l'Arioste et des autres, faisaient toujours leur ramage dans sa tête, et ses* Antiquitez *s'en ressentent. Mais, la part du livresque une fois faite, il reste encore beaucoup à admirer. D'abord Joachim fut le premier, comme il s'en vante, à chanter*

L'antique honneur du peuple à longue robe.

*Personne avant lui, parmi les Français tout au moins, n'avait ressenti la moindre émotion à la vue des ruines de Rome. On dirait même que le « sentiment des ruines » fut, jusqu'au seuil du XIX*e *siècle, un sentiment exclusivement angevin, puisque le seul livre après les* Antiquitez *de Rome où il se soit épanoui dans sa force et dans sa beauté, c'est Volney qui l'écrivit en pleine révolution sur les ruines des monuments de Palmyre.*

Mais comment une âme de poète aussi vibrante que celle de du Bellay n'aurait-elle pas tressailli en voyant sortir de terre sous la pioche des entrepreneurs de fouilles publiques tout un peuple de statues admirables qui gisaient là, sous les décombres, depuis des siècles et des siècles ?

Joachim eut la bonne fortune d'arriver à Rome au moment où ces fouilles excitaient un véritable engouement. Mais le Cardinal n'avait pas attendu jusque là pour en pratiquer autour du Forum. Deux ans avant l'entrée triomphale de Charles-Quint pour laquelle on avait démoli plus de deux cents maisons, sans parler des édifices, il avait, de concert avec Rabelais, étudié la topographie de l'ancienne Rome et obtenu l'autorisation de fouiller un grand espace de terrain. C'est de là qu'il avait tiré la plupart des statues qui décoraient les jardins de son palais de Saint-Maur, dont le fameux Priape qui faisait l'admiration de tous les visiteurs. En 1548, il avait trouvé, près de l'arc de

Septime Sévère, une inscription érigée par Auguste à Vulcain en l'an de Rome 745 (9 av. J.-C.). C'est encore lui qui avait découvert la fontaine du Comitium qui fut de nouveau mise à jour en 1899. Il avait même à cette époque chargé sur un vaisseau à destination de la France le pied qui supportait la vasque de cette fontaine, avec beaucoup d'autres fragments et de statues, mais le vaisseau sombra dans le golfe du Lion. Et depuis, tous les marbres qui décoraient son palais des Thermes, et c'est par centaine qu'on les comptait, toutes les blanches statues qui se dressaient parmi les myrtes et les lauriers-roses de son parc, étaient sorties de cette carrière vivante, ouverte dans le vieux sol romain.

Mais la vue de ces monuments du passé, « honneur poudreux de tant d'âmes divines », ne pouvait retenir éternellement la curiosité, l'admiration de Joachim. Elle paraît même l'avoir lassée de bonne heure, car les Antiquitez *qui devaient avoir plusieurs livres n'en ont qu'un. Il est vrai qu'à côté de ce recueil de vers français, il nous a laissé en vers latins une* Description *de Rome qui est une pure merveille. Etait-ce pour mieux payer sa bienvenue à la Ville des Césars et des Papes qu'il s'était mis à rimer dans la langue d'Ovide? Je ne sais, mais ce qu'il y a de sûr, c'est qu'il a fait à Rome presque autant de vers latins que de vers français et que ses* Poemata *et son livre sur* Faustine *seraient dignes de figurer parmi les œuvres du poète des* Amours *et des* Tristes.

Il a dit dans une pièce des Regrets *qu'il charmait ses ennuis en faisant des vers. A ce compte, ses ennuis durent être très grands, car il ne cessa de rimer pendant les trois ans et plus qu'il séjourna à Rome. On sait, d'ailleurs, que sa charge d'intendant l'occupait tout le jour et lui causait toutes sortes de soucis. Ce n'était pas une petite maison que celle du Cardinal. Il y avait plus de cent bouches à nourrir, et comme la caisse était souvent vide, le Cardinal dépensant beaucoup plus que ses revenus, il fallait à tout prix se procurer de l'argent.*

Panjas, veux-tu sçavoir quels sont mes passe-temps ?
Je songe au lendemain, j'ay soing de la dépense
Qui se fait chaque jour, et si faut que je pense
A rendre sans argent cent créditeurs contents.

Je vays, je viens, je cours, je ne perds point de temps,
Je courtise un banquier, je prens argent d'avance,
Quand j'ay despesché l'un, un autre recommence,
Et ne fais pas le quart de ce que je prétends.

Qui me présente un compte, une lettre, un mémoire,
Qui me dit que demain est jour de consistoire,
Qui me rompt le cerveau de cent propos divers,

Qui se plaint, qui se deult, qui murmure, qui crie,
Avecques tout cela, dy (Panjas) je te prie,
Ne t'esbahis-tu point comment je fais des vers ?

On vient de voir que notre intendant devait accompagner aussi son maître au consistoire.

Cela lui arriva souvent durant son séjour à Rome, car le Cardinal était le doyen du Sacré-Collège, et l'on eût dit que pour renouveler sans cesse le champ de ses observations et exciter sa verve satirique, les papes prenaient plaisir à se succéder sur la chaire de saint Pierre. Dans le seul espace de dix ans il mourut quatre papes, et Joachim vit s'ouvrir trois conclaves. Il eut donc l'occasion de voir s'agiter dans les coulisses du théâtre — et quel théâtre que la Cour de Rome! — toutes les ambitions des cardinaux réputés papables et de ceux qui ne l'étaient pas.

Il fait bon voir (Paschal) un conclave serré,
Et l'une chambre à l'autre également voisine
D'antichambre servir, de salle et de cuisine,
En un petit recoing de six pieds en carré :

Il fait bon voir autour le palais emmuré,
Et briguer là-dedans ceste troppe divine,
L'un par l'ambition, l'autre par bonne mine,
Et par despit de l'un, estre l'autre adoré.

Il fait bon voir dehors toute la ville en armes,
Crier : le Pape est fait, donner de faulx alarmes,
Saccager un palais : mais plus que tout cela

Fait bon voir, qui de l'un, qui de l'autre se vante,
Qui met pour cestui-cy, qui met pour cestui-là
Et pour moins d'un escu dix cardinaux en vente.

Le 9 avril 1555, le cardinal Sainte-Croix était élu et prenait le nom de Marcel II. Le 30 du même mois il était mort. C'était un saint homme et dont on attendait beaucoup. Ecoutons Joachim sur son compte. Voici le sonnet qu'il lui a consacré :

Comme un, qui veult curer quelque cloaque immonde,
S'il n'a le nez armé d'une contresenteur,
Estouffé bien souvent de la grand' puanteur
Demeure ensevely dans l'ordure profonde :

Ainsi le bon Marcel ayant levé la bonde,
Pour laisser escouler la fangeuse espaisseur
Des vices entassez, dont son prédécesseur
Avait six ans durant empoisonné le monde :

Se trouvant le pauvret de telle odeur surpris,
Tomba mort au milieu de son œuvre entrepris,
N'ayant pas à demy ceste ordure purgée.

Mais quiconque rendra tel ouvrage parfait,
Se pourra bien vanter d'avoir beaucoup plus fait,
Que celuy qui purgea les estables d'Augée.

Est-ce le spectacle de cette Rome pourrie qui, à un moment, lui donna la nausée et lui fit regretter sa bonne terre de France, son Paris et surtout son petit village ? Je n'oserais l'affirmer, car lui-même s'était laissé prendre aux rets des courtisanes, et nous savons que sa Faustine lui causa toutes sortes d'ennuis; je crois plutôt que sa charge d'intendant avait fini par lui devenir insupportable; toujours est-il qu'il vint une heure où il poussa vers la France des cris d'une telle angoisse, que jamais depuis lors on n'en entendit de plus poignants ni de plus douloureux. Je n'en citerai aucun à cette place; qu'il me suffise de renvoyer le lecteur au sonnet du « Petit Liré » et à celui qui commence par le vers fameux :

France, mère des arts, des armes et des loix !

Les Regrets *qui les contiennent sont, à proprement parler, le miroir de l'âme de Joachim. C'est là qu'il s'est montré tel qu'il était, dans son double fonds de poète élégiaque et satirique et, ce qu'il y a de plus merveilleux, c'est là qu'il s'est débarrassé de tous les souvenirs latins qui encombrent ses précédents recueils. Un autre, moins bien doué, aurait peut-être exagéré la note* livresque, *dans le commerce d'un Annibal Caro et d'un Fulvio Orsini. Lui, dans l'explosion de sa douleur, il jeta à la face de Rome toutes les dépouilles dont il était si fier à ses débuts, et c'est avec une âme purement et exclusivement française qu'il soupira vers la France.*

Le 19 juin 1555, le Cardinal le nommait chanoine de Notre-Dame de Paris, en remplacement de Jean Toustain, décédé. C'était sa première prébende; pour qui sait lire entre les lignes, cela signifie évidemment que dès cette époque il avait décidé le Cardinal à se séparer de lui. Cependant il est à peu près certain qu'il ne rentra pas en France avant le milieu de l'année 1557. Pourquoi? probablement parce que les évènements ou les affaires domestiques du Cardinal s'opposèrent à son retour. Quoi qu'il en soit, ceux-là se trompent qui supposent que Joachim quitta Rome à moitié brouillé avec son cousin. Jamais le Cardinal ne lui retira sa confiance; il le savait si dévoué à ses intérêts et à sa personne, que quelques années après, au plus fort des démêlés que notre poète eut avec Eustache du Bellay, évêque de Paris, il le soutint envers et contre tous. Au surplus, s'il avait eu à se plaindre de lui, à Rome, il se serait bien gardé, quand il rentra en France, de le charger — concurremment avec Moreau, son grand vicaire — de l'administration du temporel de l'église de Paris et de celle du Mans et de lui assurer un revenu annuel de trois mille livres de rente, sous forme de bénéfices dans ses diocèses (1).

III

Le voilà donc revenu dans la grand'ville qui fut le théâtre de ses premiers exploits!

Il a retrouvé en arrivant — avec quelle joie! l'on s'en doute — tous ses anciens camarades du collège Coqueret, Ronsard, Belleau, Baïf, Jodelle, et puis Dorat, et puis Morel, son cher Pylade, qui le reçut chez lui en attendant qu'il s'installât au cloître Notre-Dame. Et son premier

(1) Non seulement, en effet, il avait le titre et la fonction de grand vicaire de Paris et du Mans, mais il était chanoine de l'église Saint-Julien du Mans, chapelain de Notre-Dame de Cofresne en ladite ville, archidiacre de Château-du-Loir, et prieur de Bardenay, au diocèse de Bordeaux.

soin, dès qu'il eut pris langue avec ses amis, fut de revoir les trois ou quatre recueils de poésies qu'il avait rapportés de Rome et de les donner à l'impression. Seulement cette fois il se montra plus difficile que pour la Deffence *et l'*Olive. *En ce temps-là il s'en rapportait à ses éditeurs Cavellat, l'Angelier et Gilles Corrozet du soin de corriger les épreuves de ses livres, tant l'orthographe lui importait peu! A présent, il était si mécontent de leur travail, qu'il leur faussa compagnie et se fit imprimer chez Federic Morel qui se piqua d'honneur pour conserver sa clientèle. Dans le seul espace d'un an, en 1558, Joachim publia les* Antiquitez, *les* Jeux rustiques *et les* Regrets. *Ce dernier recueil eut même un tel succès, que Morel en fit un second tirage l'année suivante. Mais il lui attira toutes sortes d'ennuis. Dénoncé, pour ses satires contre les cardinaux, à l'évêque Eustache du Bellay, celui-ci, qui avait déjà eu maille à partir avec lui à cause de la collation des bénéfices, le dénonça à son tour au Cardinal et essaya de le ruiner dans son estime, ajoutant qu'il était devenu si sourd qu'on ne pouvait plus lui parler que la plume à la main.*

Mais Joachim avait bec et ongles pour se défendre. Qu'on lise ses lettres à l'évêque de Paris et au Cardinal, qui nous ont été révélées par MM. Révillout et Pierre de Nolhac, on verra qu'il fut sur le point de partir pour Rome, afin de se justifier aux yeux de son cousin. Quel crime avait-il donc commis? Sans doute il n'avait pas ménagé dans ses Regrets *la Cour de Rome, et ses petites catilinaires avaient d'autant plus de portée qu'elles empruntaient à ses anciennes fonctions auprès du Cardinal un caractère quasi officieux. Mais il n'avait pas dépendu de lui qu'elles demeurassent inédites. Longtemps avant de paraître chez Morel en volume, elles circulaient dans le monde sous la forme de feuilles volantes, un certain Breton qu'il fréquentait à Rome en ayant pris copie et quelques éditeurs de Paris et de Lyon s'étant permis de les publier sans son autorisation. Il leur avait même fait des procès de ce chef, et c'est pour couper court aux bruits de toutes sortes qui en étaient résultés, que, sur le conseil du roi, il avait réuni tous ses sonnets et les avait donnés à l'impression. Encore avait-il gardé en portefeuille ceux qui lui avaiént semblé les plus pointus (1).*

Les choses en étaient là, quand la princesse Marguerite, sa protectrice fidèle, sa Muse unique, la Dame de toutes ses pensées, épousa le duc de Savoie Emmanuel-Philibert et quitta la France. Superstitieux comme il était, il vit

(1) *Ce sont ces sonnets, au nombre de huit, que Paulin Paris découvrit en 1848 dans un manuscrit de la Bibliothèque nationale et que l'éditeur Liseux, après M. de Montaiglon, publia à leur rang dans sa charmante édition des* Regrets, *la seule qui soit complète aujourd'hui.*

dans son « département » le dernier coup du destin. Son chagrin fut tel, qu'il n'eût pas le courage d'aller lui faire ses adieux. C'est alors qu'il s'écria : Spes et fortuna valete ! *Quelque temps après, le 1er janvier 1560, il mourait d'une attaque d'apoplexie foudroyante, chez son compatriote Bizet, au cloître Notre-Dame.*

Il fut inhumé dans la chapelle de l'église cathédrale affectée à la sépulture des chanoines et à la requête de la sœur du Cardinal — lequel mourut quelques mois après, au moment où il se disposait à quitter son palais des Thermes pour se retirer dans son prieuré de Bouche-d'Aigre, au pays du Maine.

On ne sait pas ce qu'est devenu son tombeau, mais ses amis lui en élevèrent un autre en vers, plus durable que le marbre et le bronze, et moi-même, pour consoler ses mânes, je lui ai érigé naguère, à Ancenis, tout au bord de la Loire, en face du petit Liré où il avait marqué sa fosse, une belle statue sur un terre-plein toujours fleuri d'où il peut voir fumer les cheminées de son cher village.

LÉON SÉCHÉ.

'Ιωάννης Δύρατὸς (Jean Dorat)
Εἰς κελτικῆς γώσσης 'Απολογίαν.

Εἷς οἰωνὸς ἄριστος ἀμύνεσθαι περὶ πάτρης,
  Εἶπεν ὁμηρείων εὐεπίη χαρίτων.
Ἓν δὲ κλέος μέγ' ἄριστον ἀμύνεσθαι περὶ γλώττης
  Τῆς πατρίης, κᾀγώ φημι παρῳδιάων.
Βελλάί, ὡς γοῦν σεῦ πρόγονοι φιλοπάτριδες ἄνδρες
  Ἤκουσαν πατρίης γῆς πέρι μαρνάμενοι,
Οὕτως καὶ πατρίης σὺ συνηγορέων περὶ γλώττης
  Κληδόν' ἀεὶ σχήσεις ὡς φιλόπατρις ἀνήρ.

L'auteur prye les Lecteurs différer leur jugement jusques à la fin du Livre, et ne le condamner sans avoir premierement bien veu, et examiné ses raisons.

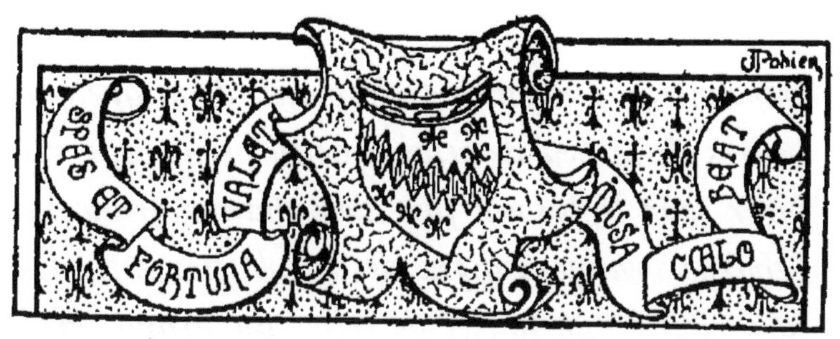

Armoiries et devises de J. du Bellay

A Mgr LE RÉVÉRENDISSISME CARDINAL DU BELLAY, S.

VEU *le personnage que tu jouës au spectacle de toute l'Europe, voire de tout le monde, en ce grand théâtre romain, veu tant d'affaires, et tel que seul quasi tu soustiens, ô l'honneur du sacré College, pécheroy'-je pas (comme dit le Pindare latin) contre le bien public, si par longues paroles j'empeschoy' le temps que tu donnes au service de ton prince, au profit de la patrie et à l'accroissement de ton immortelle renommée? Espiant donc quelques heures de ce peu de relais que tu prens pour respirer sous le pesant fais des affaires françoises (charge vraiment digne de si robustes espaules, non moins que le ciel de celles du grand Hercule), ma muse a pris la hardiesse d'entrer au sacré cabinet de tes sainctes et studieuses occupations: et là, entre tant de riches et excellens vœux de jour en jour dediez à l'image de ta grandeur, pendre le sien humble et petit, mais toutesfois bien heureux s'il rencontre quelque faveur devant les yeux de ta bonté, semblable à celle des Dieux immortels, qui n'ont moins agréables les pauvres présens d'un bien riche vouloir que les superbes et ambitieuses offrandes. C'est, en effect, la Défense et Illustration de nostre langue françoise, à l'entreprise de laquelle rien ne m'a induit que l'affection naturelle envers ma patrie, et à te la dedier, que la grandeur de ton nom : à fin qu'elle se cache (comme sous le bouclier d'Ajax) contre les traicts envenimez de ceste antique ennemie de vertu, sous l'ombre de tes ailes. De toy, di-je, dont l'incomparable sçavoir, vertu et conduite, toutes les plus grandes choses, de si long temps de tout le monde sont expérimemtées, que je ne les sçauroy' plus au vif exprimer, que les couvrant (suivant la ruse de ce noble peintre Timante) sous le voile de silence. Pour ce que d'une si grande chose il vaut trop mieux (comme de Carthage disoit T. Live) se taire du tout que d'en dire peu. Reçoy donc avec ceste accoustumée bonté, qui ne te rend moins aimable entre les plus petits, que ta vertu et auctorité venerable entre les plus grands, les premiers fruicts, ou pour mieux dire, les premieres fleurs du printemps de celuy qui en toute reverence et humilité baise les mains de ta R. S. Priant le ciel te departir autant d'heureuse et longue vie, et à tes hautes entreprises estre autant favorable, comme envers toy il a esté liberal, voire prodigue de ses graces. Adieu, de Paris, ce 15 de fevrier 1549.*

LA

DÉFENSE ET ILLUSTRATION

DE LA LANGUE FRANÇAISE

LIVRE PREMIER

CHAPITRE PREMIER

DE L'ORIGINE DES LANGUES

Si la nature (dont quelque personnage de grande renommée non sans raison a douté, si on la devoit appeller mere ou maratre) eust donné aux hommes un commun vouloir et consentement, outre les innumerables commoditez qui en fussent procedées, l'inconstance humaine n'eust eu besoin de se forger tant de manieres de parler. Laquelle diversité et confusion se peut à bon droit appeller la tour de Babel. Doncques les langues ne sont nées d'elles mesmes en façon d'herbes, racines et arbres, les unes infirmes et debiles en leurs especes, les autres saines et robustes, et plus aptes à porter le fais des conceptions humaines : mais toute leur vertu est née au monde du vouloir et arbitre des mortels. Cela (ce me semble) est une grande raison pourquoi on ne doit ainsi louer une langue et blasmer l'autre, veu qu'elles viennent toutes d'une mesme source et origine, c'est la fantasie des hommes, et ont esté formées d'un mesme jugement, à une mesme fin : c'est pour signifier entre nous les conceptions et intelligences de l'esprit. Il est vray que, par succession de temps, les unes, pour avoir esté plus curieusement reiglées, sont devenues plus riches que les autres ; mais cela ne se doit attribuer à la felicité desdites langues, ains au seul artifice et industrie des hommes. Ainsi doncques toutes les choses que la nature a créées, tous les arts et sciences, en toutes les quatre parties du monde, sont chacune endroit soy une mesme chose ; mais, pource que les hommes sont de divers vouloir, ils en parlent et escrivent diversement. A ce propos, je ne puis assez blasmer la sotte arrogance et temerité d'aucuns de nostre nation, qui, n'estant rien moins que Grecs ou Latins, desprisent et rejettent d'un sourcil plus que stoïque toutes choses escriptes en françois, et ne me puis assez esmerveiller de l'estrange opinion d'aucuns sçavans, qui pensent que nostre vulgaire soit incapable de toutes bonnes lettres et erudition, comme si une invention, pour le langage seulement, devait estre jugée bonne ou mauvaise. A ceux la je n'ay entrepris de satisfaire. A ceux cy je veux bien, s'il m'est possible, faire changer d'opinion par quelques raisons que briefvement j'espere deduire : non que je me sente plus clair voyant en cela, ou autres choses, qu'ils ne sont, mais pource que l'affection qu'ils portent aux langues estrangeres ne permet qu'ils vueillent faire sain et entier jugement de leur vulgaire.

CHAPITRE II

QUE LA LANGUE FRANÇOISE NE DOIT ESTRE NOMMÉE BARBARE

Pour commencer doncques à entrer en matiere, quant à la signification de ce mot *Barbare* : Barbares anciennement estoyent nommez ceux qui ineptement parloyent grec. Car comme les estrangers venant à Athenes s'efforçoyent de parler grec, ils tomboyent souvent en ceste voix absurde Βάρϐαρος. Depuis, les Grecs transporterent ce nom aux mœurs brutaux et cruels, appelant toutes nations, hors la Grece, Barbares. Ce qui ne doit en rien diminuer l'excellence de nostre langue, veu que ceste arrogance grecque, admiratrice seulement de ses inventions, n'avoit loy ny privilege de legitimer ainsi sa nation et abastardir les autres, comme Anacharsis disoit que les Scythes estoyent barbares entre les Atheniens, mais les Atheniens aussi entre les Scythes. Et quand la barbarie des mœurs de nos ancestres eust deu les mouvoir à nous appeller barbares, si est-ce que je ne voy point pourquoy on nous doyve maintenant estimer tels, veu qu'en civilité de mœurs, equité de loix, magnanimité de courages, brief, en toutes formes et manière de vivre non moins louables, que profitables, nous ne sommes rien moins qu'eux, mais bien plus, veu qu'ils sont tels maintenant, que nous les pouvons justement appeller par le nom qu'ils ont donné aux autres. Encore moins doit avoir lieu de ce que les Romains nous ont appellez barbares, veu leur ambition et insatiable faim de gloire, qui taschoyent non seulement à subjuguer, mais à rendre toutes autres nations viles et abjectes auprès d'eux, principalement les Gaulois, dont ils ont reçeu plus de honte et dommage que des autres. A ce propos, songeant beaucoup de fois d'ou vient que les gestes du peuple romain sont tant celebrez de tout le monde, voire de si long intervalle preferez à ceux de toutes les autres nations ensemble, je ne trouve point plus grande raison que ceste-cy : c'est que les Romains ont eu si grande multitude d'escrivains, que la plus part de leurs gestes (pour ne pas dire pis) par l'espace de tant d'années, ardeur de batailles, vastité d'Italie, incursions d'estrangers, s'est conservée entière jusques à nostre temps. Au contraire, les faits des autres nations, singulièrement des Gaulois, avant qu'ils tombassent en la puissance des François, et les faits des François mesmes depuis qu'ils ont donné leur nom aux Gaules, ont esté si mal recueillis, que nous en avons quasi perdu non seulement la gloire, mais la memoire. A quoy a bien aidé l'envie des Romains, qui, comme par une certaine conjuration, conspirant contre nous, ont extenué en tout ce qu'ils ont peu nos louanges belliques, dont ils ne pouvoyent endurer la clarté : et non seulement nous ont fait tort en cela, mais, pour nous rendre encor' plus odieux et contemptibles, nous ont appellez brutaux, cruels et barbares. Quelqu'un dira : pourquoy ont-ils exempté les Grecs de ce nom ? Pource qu'ils se fussent fait plus grand tort qu'aux Grecs mesmes, dont ils avoyent emprunté tout ce qu'ils avoyent de bon, au moins quant aux sciences et illustration de leur langue. Ces raisons me semblent sufffisantes de faire entendre à tout equitable estimateur des choses, que nostre langue (pour avoir esté nommée barbare, ou de nos ennemis, ou de ceux qui n'avoyent loy de nous bailler ce nom) ne doit pourtant estre desprisée, mesme de ceux auxquels elle est propre et naturelle, et qui en rien ne sont moindres que les Grecs et Romains.

CHAPITRE III

POURQUOY LA LANGUE FRANÇOISE N'EST SI RICHE QUE LA GRECQUE ET LATINE

Et si notre langue n'est si copieuse et riche que la grecque ou latine, cela ne doit estre imputé au défaut d'icelle, comme si d'elle mesme elle ne pouvoit jamais estre sinon pauvre et stérile : mais bien on le doit attribuer à l'ignorance de nos majeurs, qui, ayans (comme dit quelqu'un, parlant des anciens Romains) en plus grande recommandation le bien faire, que le bien dire, et mieux aimans laisser à leur postérité les exemples de vertu que les préceptes, se sont privez de la gloire de leurs biens faits, et nous du fruict de l'imitation d'iceux : et par mesme moyen nous ont laissé nostre langue si pauvre et nue qu'elle a besoin des ornemens, et (s'il faut ainsi parler) des plumes d'autruy. Mais qui voudroit dire que la grecque et romaine eussent toujours esté en l'excellence qu'on les a veues du temps d'Homere et de Demosthene, de Virgile et de Ciceron ? Et si ces autheurs eussent jugé que jamais, pour quelque diligence et culture qu'on y eust peu faire, elles n'eussent sceu produire plus grand fruict, se fussent-ils tant efforcez de les mettre au poinct où nous les voyons maintenant ? Ainsi puis-je dire de nostre langue, qui commence encore a fleurir sans fructifier, ou plustost, comme une plante et vergette, n'a point encore fleuri, tant s'en faut qu'elle ait apporté tout le fruit qu'elle pourroit bien produire. Cela certainement non pour le defaut de la nature d'elle, aussi apte à engendrer que les autres, mais pour la coulpe de ceux qui l'ont eue en garde, et ne l'ont cultivée à suffisance, ains comme une plante sauvage, en celuy mesme desert où elle avoit commencé à naistre sans jamais l'arrouser, la tailler, ny defendre des ronces et espines qui lui faisoient ombre, l'ont laissée envieillir et quasi mourir. Que si les anciens Romains eussent esté aussi negligens à la culture de leur langue, quand premierement elle commença à pulluler, pour certain en si peu de temps elle ne fust devenue si grande. Mais eux, en guise de bons agriculteurs, l'ont premierement transmuée d'un lieu sauvage en un domestique; puis afin que plus tost et mieux elle peust fructifier, coupant à l'entour les inutiles rameaux, l'ont pour eschange d'iceux restaurée de rameaux francs et domestiques, magistralement tirez de la langue grecque, lesquels soudainement se sont si bien entez et faits semblables à leur tronc, que desormais n'apparoissent plus adoptifs, mais naturels. De là sont nées en la langue latine ces fleurs et ces fruicts colorez de ceste grande eloquence, avec ces nombres et ceste liaison si artificielle, toutes lesquelles choses, non tant de sa propre nature que par artifice, toute langue a coustume de produire. Doncques si les Grecs et Romains, plus diligens à la culture de leurs langues que nous à celle de la nostre, n'ont peu trouver en icelles, sinon avecques grand labeur et industrie, ny grace, ny nombre, ny finablement aucune eloquence, nous devons nous esmerveiller, si nostre vulgaire n'est si riche comme il pourra bien estre, et de là prendre occasion de le mespriser comme chose ville, et de petit pris. Le temps viendra (peut estre) et je l'espère moyennant la bonne destinée françoise que ce noble et puissant royaume obtiendra à son tour les resnes de la monarchie, et que nostre langue (si avecques François n'est du tout ensevelie la langue françoise) qui commence encore à jetter ses racines, sortira de terre, et s'eslevera en telle hauteur et grosseur, qu'elle se pourra egaler aux mesmes Grecs et Romains, produisant comme eux des Homeres, Demosthenes, Virgiles et Cicerons, aussi bien que la France a quelquefois produit des Pericles, Nicies, Alcibiades, Themistocles, Cesars et Scipions.

CHAPITRE IV

QUE LA LANGUE FRANÇOISE N'EST SI PAUVRE QUE BEAUCOUP L'ESTIMENT

Je n'estime pourtant notre vulgaire, tel qu'il est maintenant, estre si vil et abject, comme le font ces ambitieux admirateurs des langues grecque et latine, qui ne penseroyent, et fussent-ils la mesme Pithô, déesse de persuasion, pouvoir rien dire de bon, si n'estoit en langage estranger et non entendu du vulgaire. Et qui voudra de bien près y regarder, trouvera que nostre langue françoise n'est si pauvre qu'elle ne puisse rendre fidelement ce qu'elle emprunte des autres ; si infertile qu'elle ne puisse produire de soy quelque fruict de bonne invention, au moyen de l'industrie et diligence des cultivateurs d'icelle, si quelques uns se trouvent tant amis de leur pays et d'eux mesmes, qu'ils s'y veuillent employer. Mais a qui, après Dieu, rendrons nous graces d'un tel benefice, sinon à nostre feu bon roy et père François, premier de ce nom, et de toutes vertus ? Je dy premier, d'autant qu'il a en son noble royaume premierement restitué tous les bons arts et sciences en leur ancienne dignité : et si a nostre langage, auparavant scabreux et mal poly, rendu elegant, et sinon tant copieux qu'il pourra bien estre, pour le moins fidèle interprete de tous les autres. Et qu'ainsi soit, philosophes, historiens, medecins, poëtes, orateurs grecs et latins, ont appris à parler françois. Que diray-je des Hebreux ? Les sainctes lettres donnent ample tesmoignage de ce que je dy. Je laisseray en cest endroit les superstitieuses raisons de ceux qui soustiennent que les mystères de la theologie ne doivent estre decouverts, et quasi comme profanés en langage vulgaire, et ce que vont alleguant ceux qui sont d'opinion contraire. Car ceste disputation n'est propre à ce que j'ay entrepris, qui est seulement de monstrer que nostre langue n'a point eu à sa naissance les dieux et les astres si ennemis, qu'elle ne puisse un jour parvenir au poinct d'excellence et de perfection aussi bien que les autres, attendu que toutes sciences se peuvent fidèlement et copieusement traiter en icelle, comme on peut voir en si grand nombre de livres grecs et latins, voire bien italiens, espagnols et autres, traduits en françois par maintes excellentes plumes de nostre temps.

CHAPITRE V

QUE LES TRADUCTIONS NE SONT SUFFISANTES POUR DONNER PERFECTION A LA LANGUE FRANÇOISE

Toutesfois ce tant louable labeur de traduire ne me semble moyen unique et suffisant pour eslever notre vulgaire à l'egal et parangon des autres plus fameuses langues. Ce que je pretens prouver si clairement, que nul n'y voudra (ce croy-je) contredire, s'il n'est manifeste calomniateur de la vérité. Et premier, c'est une chose accordée entre tous les meilleurs auteurs de rhetorique, qu'il y a cinq parties de bien dire : l'invention, l'elocution, la disposition, la memoire et la prononciation. Or pour autant que ces deux dernieres ne s'apprennent tant par le benefice des langues, comme elles sont données à chacun selon la felicité de sa nature, augmentées et entretenues par studieux exercice et continuelle diligence : pour autant aussi que la disposition gist plus en la discretion et bon jugement de l'orateur qu'en certaines reigles et preceptes, veu que les evenements du temps, la circonstance des lieux, la condition des personnes et la diversité des occasions sont innumerables, je me contenteray de parler des deux premieres, à sçavoir de l'invention et de l'elocution. L'office doncques de l'orateur est de chacune chose proposée elegamment et copieusement parler. Or ceste faculté de parler ainsi de toutes choses ne se peut acquerir que par l'intelligence parfaicte des sciences, lesquelles ont esté premierement traictées par les Grecs, et puis par les Romains imitateurs d'iceux. Il faut doncques necessairement que ces deux langues soyent entendues de celui qui veut acquerir ceste copie et richesse d'invention, premiere et principale piece du harnois de l'orateur. Et quant à ce point, les fideles traducteurs peuvent grandement servir et soulager ceux qui n'ont le moyen unique de vaquer aux langues etrangeres. Mais quant à l'elocution, partie certes la plus difficile, et sans laquelle toutes autres choses restent comme inutiles, et semblables à un glaive encore couvert de sa gaine, elocution (dy-je) par laquelle, principalement, un orateur est jugé plus excellent, et un genre de dire meilleur que l'autre : comme celle dont est appellée la mesme eloquence, et dont la vertu gist aux mots propres, usités, et non alienes du commun usage de parler ; aux metaphores, allegories, comparaisons, similitudes, energies, et tant d'autres figures et ornemens, sans lesquels toute oraison et poëme sont nuds, manques et debiles. Je ne croiray jamais qu'on puisse bien apprendre tout cela des traducteurs, pource qu'il est impossible de le rendre avecques la mesme grace dont l'auteur en a usé : d'autant que chacune langue a je ne sçay quoi propre seulement à elles, dont si vous efforcez exprimer le naïf dans une autre langue, observant la loi de traduire, qui est n'espacier point hors des limites de l'auteur, votre diction sera contrainte, froide et de mauvaise grace. Et qu'ainsi soit, qu'on me lise un Demosthene et Homere latins, un Ciceron et Virgile françois, pour voir s'ils vous engendreront telles affections, voire ainsi qu'un Protée vous transformeront en diverses sortes, comme vous sentez, lisant ces auteurs en leurs langues. Il vous semblera passer de l'ardente montagne d'Ætne sur le froid sommet du Caucase. Et ce que je dy des langues latine et grecque se doit reciproquement dire de toutes les vulgaires, dont j'allegueray seulement un Petrarque, duquel j'ose bien dire que, si Homere et Virgile renaissant avoyent entrepris de le traduire, ils ne le pourroyent rendre avecques la mesme grace et naïfveté qu'il est en son vulgaire toscan. Toutesfois quelques uns de nostre temps ont entrepris de le faire parler françois. Voilà en bref les raisons qui m'ont fait penser que l'office et diligence des traducteurs, autrement fort utile pour instruire les ignorans des langues estrangeres en la cognoissance des choses, n'est suffisante pour donner à la nostre ceste perfection et, comme font les peintres à leurs tableaux, ceste dernière main, que nous desirons. Et si les raisons que j'ay alleguées ne semblent assez fortes, je produiray, pour mes garans et defenseurs, les anciens auteurs romains, poëtes principalement, et orateurs, lesquels (combien que Ciceron ait traduit quelques livres de Xenophon et d'Arate, et qu'Horace baille les preceptes de bien traduire) ont vaqué à ceste partie plus pour leur estude, et profit particulier, que pour le publier à l'amplification de leur langue, à leur gloire et commodité d'autruy. Si aucuns ont veu quelques œuvres de ce temps là, sous titre de traduction, j'entens de Ciceron, de Virgile, et de ce bienheureux siecle d'Auguste, ils ne pourront dementir ce que je dy.

CHAPITRE VI

DES MAUVAIS TRADUCTEURS ET DE NE TRADUIRE LES POETES

Mais que diray-je d'aucuns, vrayement mieux dignes d'estre appellez traditeurs, que traducteurs ? veu qu'ils trahissent ceux qu'ils entreprennent exposer, les frustrans de leur gloire, et par mesme moyen seduisent les lecteurs ignorans, leur monstrant le blanc pour le noir : qui, pour acquerir le nom de sçavans, traduisent à credit les langues, dont jamais ils n'ont entendu les premiers elemens, come l'hebraïque et la grecque : et encore pour mieux se faire valoir, se prennent aux poëtes, genre d'auteurs certes auquel si je sçavois, ou vouloy' traduire, je m'adresseroy' aussi peu, à cause de ceste divinité d'invention, qu'ils ont plus que les autres, de ceste grandeur de stile, magnificence de mots, gravité de sentences, audace et varieté de figures, et mille autres lumieres de poësie : brief ceste energie, et ne sçay quel esprit, qui en leurs escrits, que les Latins appelleroient *genius*. Toutes lesquelles choses se peuvent autant exprimer en traduisant, comme un peintre peut représenter l'ame avec le corps de celuy qu'il entreprend tirer après le naturel. Ce que je dy ne s'adresse pas à ceux qui, par le commandement des princes et grands seigneurs, traduisent les plus fameux poëtes grecs et latins : pource que l'obeissance qu'on doit à tels personnages ne reçoit aucune excuse en cest endroit : mais bien j'entens parler à ceux qui, de gayeté de cœur (comme on dit), entreprennent telles choses legerement, et s'en acquittent de mesme. O Apollon ! ô Muses ! profaner ainsi les sacrées reliques de l'antiquité ! Mais je n'en diray autre chose. Celuy doncques qui voudra faire œuvre digne de pris en son vulgaire, laisse ce labeur de traduire, principalement les poëtes, à ceux qui de chose labourieuse et peu profitable, j'ose dire encore inutile, voire pernicieuse, à l'accroissement de leur langue, emportent à bon droit plus de molestie que de gloire.

CHAPITRE VII

COMMENT LES ROMAINS ONT ENRICHI LEUR LANGUE

Si les Romains (dira quelqu'un) n'ont vaqué à ce labeur de traduction, par quels moyens doncques ont-ils peu ainsi enrichir leur langue, voire jusques à l'égaler quasi à la grecque ? Imitant les meilleurs auteurs grecs, se transformant en eux, les devorant ; et, après les avoir bien digerez, les convertissant en sang et nourriture : se proposant, chacun selon son naturel et l'argument qu'il vouloit eslire, le meilleur auteur, dont ils observoyent diligemment toutes les plus rares et exquises vertus, et icelles comme greffes, ainsi que j'ay dit devant, entoyent et appliquoyent à leur langue. Cela fait (dy-je) les Romains ont basti tous ces beaux escrits que nous louons et admirons si fort : egalant ores quelqu'un d'iceux, ores le preferant aux Grecs. Et de ce que je dy font bonne preuve Ciceron et Virgile, que volontiers et par honneur je nomme toujours en la langue latine, desquels comme l'un se fust entierement addonné à l'imitation des Grecs, contrefit et exprima si au vif la copie de Platon, la vehemence de Demosthene et la joyeuse douceur d'Isocrate, que Molon rhodian l'oyant quelquesfois declamer, se escria qu'il emportoit l'eloquence grecque à Rome. L'autre imita si bien Homere, Hesiode et Théocrite, que depuis on a dit de luy, que de ces trois il a surmonté l'un, egalé l'autre, et approché si près de l'autre, que si la felicité des argumens qu'ils ont traictez eust été pareille, la palme seroit bien douteuse. Je vous demande doncques vous autres, qui ne vous employez qu'aux translations, si ces tant fameux auteurs se fussent amusez à traduire, eussent-ils eslevé leur langue à l'excellence et hauteur où nous la voyons maintenant ? Ne pensez doncques quelque diligence et industrie que vous puissiez mettre en cest endroit, faire tant que nostre langue, encore rampante à terre, puisse hausser la teste et s'eslever sur pieds.

CHAPITRE VIII

D'AMPLIFIER LA LANGUE FRANÇOISE PAR L'IMITATION DES ANCIENS AUTEURS GRECS ET ROMAINS

Se compose doncques celuy qui voudra enrichir sa langue, à l'imitation des meilleurs auteurs grecs et latins, et à toutes leurs plus grandes vertus, comme à un certain but, dirige la pointe de son stile ; car il n'y a point de doute, que la plus grand'part de l'artifice ne soit contenue en l'imitation : et tout ainsi que ce fut le plus louable aux anciens de bien inventer, aussi est-ce le plus utile de bien imiter, mesme à ceux dont la langue n'est encore bien copieuse et riche. Mais entende celuy qui voudra imiter, que ce n'est chose facile que de bien suivre les vertus d'un bon auteur, et quasi comme se transformer en luy, veu que la nature mesmes, aux choses qui paroissent tressemblables, n'a seu tant faire, que par quelque note et difference elles ne puissent estre discernées. Je dy cecy pource qu'il y en a beaucoup en toutes langues qui, sans penetrer aux plus cachées et interieures parties de l'auteur qu'ils se sont proposé, s'adaptent seulement au premier regard, et s'amusant à la beauté des mots, perdent la force des choses. Et certes, comme ce n'est point chose vicieuse, mais grandement louable, emprunter d'une langue estrangere les sentences et les mots, et les approprier à la sienne : aussi est-ce chose grandement à reprendre, voire odieuse à tout lecteur de liberale nature, voir en une mesme langue une telle imitation, comme celle d'aucuns sçavans mesmes, qui s'estiment estre des meilleurs quand plus ils ressemblent un Heroët ou un Marot. Je t'admoneste doncq' (ô toi qui desires l'accroissement de ta langue et veux exceller en icelle) de non imiter à pied levé, comme nagueres a dit quelqu'un, les plus fameux auteurs d'icelle, ainsi que font ordinairement la plus part de nos poëtes françois, chose certes autant vicieuse comme de nul profit à nostre vulgaire : veu que ce n'est autre chose (ô grande liberalité !) sinon de luy donner ce qui estoit à luy. Je voudroy' bien que nostre langue fut si riche d'exemples domestiques, que n'eussions besoin d'avoir recours aux estrangers. Mais si Virgile et Ciceron se fussent contentez d'imiter ceux de leur langue, qu'auroyent les Latins, outre Ennie ou Lucrece, outre Crasse ou Antoine ?

CHAPITRE IX

RESPONSES A QUELQUES OBJECTIONS

Après avoir, le plus succinctement qu'il m'a esté possible, ouvert le chemin à ceux qui desirent l'amplification de nostre langue, il me semble bon et necessaire de respondre à ceux qui l'estiment barbare et irreguliere, incapable de ceste elegance et copie, qui est en la grecque et romaine : d'autant (disent-ils) qu'elle n'a ses declinations, ses pieds et ses nombres, comme ces deux autres langues. Je ne veux alleguer en cest endroit (bien que je le pense faire sans honte) la simplicité de nos majeurs, qui se sont contentez d'exprimer leurs conceptions avec paroles nues, sans art et ornement : non imitant la curieuse diligence des Grecs, auxquels la Muse avait donné la bouche ronde (comme dit quelqu'un) c'est-à-dire parfaite en tout elegance et venusté de paroles : comme depuis aux Romains imitateurs des Grecs. Mais je diray bien que nostre langue n'est tant irregulière qu'on voudroit bien dire : veu qu'elle se decline, sinon par les noms, pronoms et participes, pour le moins par les verbes, en tous leurs temps, modes et personnes. Et si elle n'est si curieusement reglée, ou plus tost liée et geisnée en ses autres parties, aussi n'a elle point tant d'heteroclites et anomaux monstres estranges de la grecque et latine. Quant aux pieds et aux nombres, je diray au second livre en quoy nous les recompensons. Et certes (comme dit un grand auteur de rhetorique, parlant de la felicité qu'ont les Grecs en la composition de leurs mots) je ne pense que telles choses se facent par la nature desdites langues, mais nous favorisons toujours les estrangers. Qui eust gardé nos ancestres de varier toutes les parties declinables, d'allonger une syllabe et accourcir l'autre, et en faire des pieds ou des mains ? Et qui gardera nos successeurs d'observer telles choses, si quelques sçavans et non moins ingénieux de cet aage entreprennent de les reduire en art, comme Ciceron promettait de faire au droit civil : chose qui à quelques uns a semblé impossible, aux autres non. Il ne faut point icy alleguer l'excellence de l'antiquité, et comme Homere se plaignoit que de son temps les corps estoient trop petits, dire que les esprits modernes ne sont à comparer aux anciens. L'architecture, l'art du navigage et autres inventions antiques certainement sont admirables, non toutesfois, si on regarde à la nécessité mere des arts, du tout si grandes, qu'on doive estimer les cieux et la nature y avoir dependu toute leur vertu, vigueur et industrie. Je ne produiray, pour tesmoins de ce que je dy, l'imprimerie, sœur des Muses, et dixième d'elles, et ceste non moins admirable que pernicieuse foudre d'artillerie, avecques tant d'autres non antiques inventions qui monstrent veritablement que, par le long cours des siècles, les esprits des hommes ne sont point si abastardis qu'on voudroit bien dire : je dy seulement qu'il n'est pas impossible que nostre langue puisse recevoir quelquesfois cest ornement et artifice, aussi curieux qu'il est aux Grecs et Romains. Quant au son, et je ne sçay quelle naturelle douceur (comme ils disent) qui est en leurs langues, je ne voy point que nous l'ayons moindre, au jugement des plus delicates oreilles. Il est bien vray que nous usons du prescript de nature, qui pour parler nous a seulement donné la langue. Nous ne vomissons pas nos paroles de l'estomac, comme les yvrongnes ; nous ne les estranglons de la gorge, comme les grenouilles ; nous ne les decoupons pas dedans le palais, comme les oyseaux ; nous ne les siffions pas des lèvres, comme les serpens. Si en telles manières de parler gist la douceur des langues, je confesse que la nostre est rude et mal sonante.

Mais aussi nous avons cest avantage de ne tordre point la bouche en cent mille sortes, comme les singes, voire comme beaucoup mal se souvenant de Minerve, qui joüant quelquefois de la fluste et voyant en un miroir la deformité de ses levres, la jetta bien loin, malheureuse rencontre au presumptueux Marsye, qui depuis en fut escorché. Quoy doncques, dira quelqu'un, veux-tu à l'exemple de Marsye, qui osa comparer sa fluste rustique à la douce lyre d'Apollon, egaler ta langue à la grecque et latine ? Je confesse que les auteurs d'icelles nous ont surmontez en sçavoir et faconde : esquelles choses leur a esté bien facile de vaincre ceux qui ne repugnoient point. Mais que par longue et diligente imitation de ceux qui ont occupé les premiers, ce que nature n'a pourtant denié aux autres, nous ne puissions leur succeder aussi bien en cela, que nous avons déjà fait en la plus grande part de leurs arts mechaniques, et quelquefois en leur monarchie, je ne le diray pas : car telle injure ne s'estendroit seulement contre les esprits des hommes, mais contre Dieu, qui a donné pour loy inviolable à toute chose créée, de ne durer perpetuellement, mais passer sans fin d'un estat en l'autre : estant la fin et corruption de l'un, le commencement et generation de l'autre. Quelque opiniastre repliquera encore : ta langue tarde trop à recevoir ceste perfection. Et je dy que ce retardement ne prouve point qu'elle ne puisse la recevoir : ainçois je dy qu'elle se pourra tenir certaine de la garder longuement l'ayant acquise avecques si longue peine, suivant la loy de nature, qui a voulu que tout arbre qui naist, florist et fructifie bien tost, aussi envieillisse et meure ; et au contraire celuy durer par longues années, qui a longuement travaillé à jetter ses racines.

CHAPITRE X

QUE LA LANGUE FRANÇOISE N'EST INCAPABLE DE LA PHILOSOPHIE ET POURQUOI LES ANCIENS ESTOIENT PLUS SÇAVANS QUE LES HOMMES DE NOSTRE AAGE

Tout ce que j'ay dit pour la defense et illustration de nostre langue appartient principalement à ceux qui font profession de bien dire, comme les poëtes et les orateurs. Quant aux autres parties de littérature, et ce rond de sciences, que les Grecs ont nommé encyclopedie, j'en ay touché au commencement une partie de ce que m'en semble : c'est que l'industrie des fidèles traducteurs est en cest endroit fort utile et necessaire ; et ne les doit retarder, s'ils rencontrent quelquefois des mots qui ne peuvent estre receus en la famille françoise, veu que les Latins ne se sont point efforcez de traduire tous les vocables grecs, comme *rhetorique, musique, arithmétique, géométrie, philosophie,* et quasi tous les noms des sciences, les noms des figures, des herbes, des maladies, la sphere et ses parties, et generalement la plus grand'part des termes usitez aux sciences naturelles et mathematiques. Ces mots là doncques seront en nostre langue comme estrangers en une cité : auxquels toutefois les periphrases serviront de truchemens. Encores seroy-je bien d'opinion que le sçavant translateur fist plus tost l'office de paraphraste que de traducteur, s'efforçant donner à toutes les sciences qu'il voudra traicter l'ornement et lumiere de sa langue, comme Ciceron se vante d'avoir fait en la philosophie, et à l'exemple des Italiens qui l'ont quasi toute convertie en leur vulgaire, principalement la platonique. Et si on veut dire que la philosophie est un fais d'autres espaules que de celles de nostre langue, j'ay dit au commencement de cest œuvre, et le dy encore, que toutes langues sont d'une mesme valeur, et des mortels à une mesme fin d'un mesme jugement formées. Parquoy ainsi comme sans muer de coustumes ou de nation, le François et l'Alemant, non seulement le Grec ou Romain, se peut donner à philosopher : aussi je croy qu'à chacun sa langue puisse competemment communiquer toute doctrine. Doncques si la philosophie, semée par Aristote et Platon au fertile champ attique, estoit replantée en nostre plaine françoise, ce ne seroit la jeter entre les ronces et espines, où elle devint sterile : mais ce seroit la faire de lointaine, prochaine, et d'estrangere, citadine de nostre republique. Et par adventure ainsi que les espiceries et autres richesses orientales, que l'Inde nous envoye, sont mieux cogneues et traictées de nous, et en plus grand pris, qu'en l'endroit de ceux qui les sement ou recueillent : semblablement les speculations philosophiques deviendroient plus familières qu'elles ne sont ores, et plus facilement seroient entendues de nous, si quelque sçavant homme les avait transportées de grec et latin en nostre vulgaire, que de ceux qui les vont (s'il faut ainsi parler) cueillir aux lieux où elles croissent. Et si on veut dire que diverses langues sont aptes à signifier diverses conceptions : aucunes les conceptions des doctes, autres celles des indoctes : et que la grecque principalement convient si bien avecque les doctrines, que pour les exprimer il semble qu'elle ait esté formée de la mesme nature, non de l'humaine providence. Je dy qu'icelle nature, qui en tout aage, en toute province, en toute habitude est tousjours une mesme chose, ainsi comme volontiers elle exerce son art par tout le monde, non moins en la terre qu'au ciel, et pour estre ententive à la production des créatures raisonnables, n'oublie pourtant les irraisonnables, mais avecques un egal artifice engendre cestes-cy et celles-là : aussi est-elle digne d'estre cogneue et louée de toutes personnes, et en toutes langues. Les oiseaux, les poissons, et les bestes terrestres de quelconque maniere, ores avecques un son, ores avecques l'autre, sans distinction de paroles, signifient leurs affections : beaucoup plus tost nous hommes devrions faire le semblable, chacun avecques sa langue, sans avoir recours aux autres. Les escritures et langages ont esté trouvés non pour la conservation de nature, laquelle (comme divine qu'elle est) n'a mestier de nostre aide, mais seulement à nostre bien et utilité : à fin que presens, absens, vifs et morts, manifestans l'un à l'autre le secret de nos cœurs, plus facilement parvenions à nostre propre felicité, qui gist en l'intelligence des sciences, non point au son des paroles : et par consequent celles langues et celles escritures devroyent plus estre en usage, lesquelles on apprendroit plus facilement. Las et combien seroit meilleur qu'il y eust au monde un seul langage naturel, que d'employer tant d'années pour apprendre des mots : et ce, jusques à l'aage bien souvent que n'avons plus ny le moyen, ni le loisir de vaquer à plus grandes choses. Et certes songeant beaucoup de fois, d'où provient que les hommes de ce siècle generalement sont moins sçavans en toutes sciences, et de moindre pris que les anciens, entre beaucoup de raisons je trouve ceste-cy, que j'oseroy' dire la principale : c'est l'estude des langues grecque et latine. Car si le temps que nous consumons à apprendre lesdites langues estoit employé à l'estude des sciences, la nature certes n'est point devenue si brehaigne, qu'elle n'enfantast de notre temps des Platons et des Aristotes. Mais nous, qui ordinairement affectons plus d'estre veus sçavans, que de l'estre, ne consumons pas seulement nostre jeunesse en ce vain exercice : mais, comme nous repentant d'avoir laissé le berceau, et d'estre devenus hommes, retournons encore en enfance, et par l'espace de vingt ou trente ans ne faisons autre chose qu'apprendre à parler, qui grec, qui latin, qui ebreu. Lesquels ans finis, et finie avecque eux ceste vigueur et promptitude qui naturellement regne en l'esprit des jeunes hommes, alors nous procurons estre faits philosophes, quand pour les maladies, troubles d'affaires domestiques, et autres empeschemens qu'amène le temps, nous ne sommes plus aptes à la speculation des choses. Et bien souvent, estonnez de la difficulté et longueur d'apprendre des mots seulement, nous laissons tout par desespoir, et hayons les lettres premier que les ayons goustées, ou commencé à les aimer.

Faut-il doncques laisser l'estude des langues ? Non : d'autant que les arts et sciences sont pour le présent entre les mains des Grecs et Latins. Mais il se devroit faire à l'advenir qu'on peust parler de toute chose, partout le monde, et en toute langue. J'entens bien que les professeurs des langues ne seront pas de mon opinion, encore moins ces venerables Druydes, qui pour l'ambitieux desir qu'ils ont d'estre entre nous ce qu'estoit le philosophe Anacharsis entre les Scythes, ne craignent rien tant que le secret de leurs mystères, qu'il faut apprendre d'eux, non autrement que jadis les jours des Chaldées, soit découvert au vulgaire, et qu'on ne creve (comme dit Ciceron) les yeux des corneilles. A ce propos, il me souvient avoir ouy dire maintes fois à quelques uns de leur academie, que le roy François (je dy celuy François, à qui la France ne doit moins qu'à Auguste Rome) avoit deshonoré les sciences, et laissé les doctes en mespris. O temps ! ô mœurs ! ô crasse ignorance ! n'entendre point que tout ainsi qu'un mal, quand il s'estend plus loin, est d'autant plus pernicieux : aussi est un bien plus profitable, quand plus il est commun. Et s'ils veulent dire (comme aussi disent-ils) que d'autant est un tel bien moins excellent, et admirable entre les hommes : je respondray qu'un si grand appetit de gloire et une telle envie ne devroit regner aux colomnes de la republique chrestienne ; mais bien en ce roy ambitieux, qui se plaignoit à son maistre, pour ce qu'il avoit divulgué les sciences acromatiques, c'est à dire, qui ne se peuvent apprendre que par l'audition du precepteur. Mais quoi ! ces gêans ennemis du ciel veulent-ils limiter la puissance des dieux, et ce qu'ils ont par un singulier benefice donné aux hommes, restreindre et enserrer en la main de ceux qui n'en sçauroyent faire bonne garde ? Il me souvient de ces reliques, qu'on voit seulement par une petite vitre, et qu'il n'est permis de toucher avecques la main. Ainsi veulent-ils faire de toutes les disciplines, qu'ils tiennent enfermées dedans les livres grecs et latins, ne permettant qu'on les puisse voir autrement : ou les transporter de ces paroles mortes en celles qui sont vives, et volent ordinairement par les bouches des hommes. J'ay (ce me semble) deu assez contenter ceux qui disent que nostre vulgaire est trop vil et barbare, pour traicter si hautes matieres que la philosophie. Et s''ils n'en sont encore bien satisfaits, je leur demanderay : pourquoy doncques ont voyagé les anciens Grecs par tant de pays et dangers, les uns aux Indes, pour voir les Gymnosophistes, les autres en Egypte pour emprunter de ces vieux prestres et prophetes ces grandes richesses, dont la Grece est maintenant si superbe ? et toutefois ces nations, où la philosophie a si volontiers habité, produisoyent (ce croy-je) des personnes aussi barbares et inhumaines que nous sommes, et des paroles aussi estranges que les nostres. Bien peu me soucieroy-je de l'elegance d'oraison qui est en Platon et en Aristote, si leurs livres sans raison estoient escrits. La philosophie vrayement les a adoptez pour ses fils, non pour estre nez en Grece, mais pour avoir d'un haut sens bien parlé, et bien escrit d'elle. La vérité si bien par eux cerchée, la disposition et l'ordre des choses, la sententieuse briefveté de l'un, et la divine copie de l'autre est propre à eux, et non à autres : mais la nature, dont ils ont si bien parlé, est mere de tous les autres, et ne dedaigne point de se faire cognoistre à ceux qui procurent avecques toute industrie entendre ses secrets, non pour devenir Grecs, mais pour estre faits philosophes. Vray est que pour avoir les arts et sciences toujours esté en la puissance des Grecs et Romains, plus studieux de ce qui peut rendre les hommes immortelz que les autres, nous croyons que par eux seulement elles puissent et doivent estre traictées. Mais le temps viendra par adventure (et je supplie au Dieu très bon et très grand que ce soit de nostre aage) que quelque bonne personne, non moins hardie qu'ingénieuse et sçavante, non ambitieuse, non craignant l'envie ou haine d'aucun, nous ostera ceste fausse persuasion, donnant à nostre langue la fleur et le fruict des bonnes lettres : autrement si l'affection que nous portons aux langues estrangeres (quelque excellence qui soit en elles) empeschoit cette nostre si grande félicité, elles seroyent dignes veritablement non d'envie, mais de haine : non de fatigue, mais de fascherie, elles seroyent dignes finablement d'estre non apprises, mais reprises de ceux qui ont plus de besoin du vif intellect de l'esprit que du son des paroles mortes. Voilà quant aux disciplines. Je viens aux poëtes et orateurs, principal objet de la matiere que je traicte, qui est l'ornement et illustration de nostre langue.

CHAPITRE XI

QU'IL EST IMPOSSIBLE D'ÉGALER LES ANCIENS EN LEURS LANGUES

Toutes personnes de bon esprit entendront assez, que cela, que j'ay dit pour la defense de nostre langue, n'est pour decourager aucun de la grecque et latine ; car tant s'en faut que je soy' de ceste opinion, que je confesse et soustiens celuy ne pouvoir faire œuvre excellent en son vulgaire, qui soit ignorant de ces deux langues, ou qui n'entende la latine pour le moins. Mais je seroy' bien d'avis qu'après les avoir apprises, on ne desprisast la sienne : et que celuy qui, par une inclination naturelle (ce qu'on peut juger par les œuvres latines et toscanes de Petrarque et Boccace, voire d'aucuns sçavans hommes de nostre temps) se sentiroit plus propre à escrire en sa langue qu'en grec ou en latin, s'estudiast plus tost à se rendre immortel entre les siens, escrivant bien en son vulgaire, que mal escrivant en ces deux autres langues, estre vil aux doctes pareillement et aux indoctes. Mais, s'il s'en trouvoit encore quelques uns de ceux qui de simples paroles font tout leur art et science, en sorte que nommer la lanque grecque et latine leur semble parler d'une langue divine, et parler de la vulgaire, nommer une langue inhumaine, incapable de toute erudition : s'il s'en trouvoit de tels, dy-je, qui voulussent faire des braves, et despriser toutes choses escrites en françois, je leur demanderoy' volontiers en ceste sorte : que pensent doncques faire ces reblanchisseurs de murailles, qui jour et nuit se rompent la teste à imiter, que dy-je imiter ? mais transcrire un Virgile et un Ciceron ? bastissant leurs poëmes des hemistiches de l'un, et jurant en leur prose aux mots et sentences de l'autre, songeant (comme a dit quelqu'un) des Peres conscripts, des consuls, des tribuns, des comices, et toute l'antique Rome, non autrement qu'Homère, qui en sa Batrachomyomachie adapte aux rats et grenouilles les magnifiques titres des dieux et déesses. Ceux là certes meritent bien la punition de celuy qui, ravy au tribunal du grand juge, respondit qu'il estoit ciceronien. Pensent-ils doncques, je ne dy egaler, mais approcher seulement de ces auteurs, en leurs langues, recueillant de cest orateur et de ce poëte ores un nom, ores un verbe, ores un vers et ores une sentence ? comme si en la façon qu'on rebastit un vieil edifice, ils s'attendoient rendre par ces pierres ramassées à la ruinée fabrique de ces langues sa premiere grandeur et excellence. Mais vous ne serez jà si bons massons (vous qui estes si grands zelateurs des langues grecque et latine) que leur puissiez rendre celle forme que leur donnerent premierement ces bons et excellens architectes, et si vous esperez (comme fit Esculape des membres d'Hippolyte) que par ces fragmens recueillis elles puissent estre ressuscitées, vous vous abusez : ne pensant point qu'à la chute de si superbes edifices, conjointe à la ruine fatale de ces deux puissantes monarchies, une partie devint poudre, et l'autre doit estre en beaucoup de pieces, lesquelles vouloir reduire en un seroit chose impossible : outre que beaucoup d'autres parties sont demeurées aux fondemens des vieilles murailles, ou, egarées par le long cours des siècles, ne se peuvent trouver d'aucun. Parquoy venant à r'edifier ceste fabrique, vous serez bien loin de lui restituer sa première grandeur, quand où souloit estre la sale, vous ferez par adventure les chambres, les estables ou la cuisine, confondant les portes et les fenestres, brief changeant toute la forme de l'edifice. Finablement j'estimeroy' l'art pouvoir exprimer la vive energie de la nature, si vous pouviez rendre ceste fabrique renouvelée semblable à l'antique, estant manque l'idée, de laquelle faudroit tirer l'exemple pour la r'edifier. Et ce (à fin d'exposer plus clairement ce que j'ay dit) d'autant que les anciens usoient des langues qu'ils avoyent succées avecques le laict de la nourrice, et aussi bien parloyent les indoctes, comme les doctes, si non que ceux-cy apprenoyent les disciplines et l'art de bien dire, se rendant par ce moyen plus eloquens que les autres. Voilà pourquoy leurs bienheureux siecles estoient si fertiles de bons poëtes et orateurs. Voilà pourquoy les femmes mesmes aspiroyent à ceste gloire d'eloquence et erudition, comme Sapho, Corynne, Cornelie, et un millier d'autres, dont les noms sont conjoincts avec la memoire des Grecs et Romains. Ne pensez doncques, imitateurs, troupeau servil, parvenir au point de leur excellence, veu qu'à grand'peine avez-vous appris leurs mots, et voilà le meilleur de votre aage passé. Vous desprisez nostre vulgaire, par adventure non pour autre raison, sinon que dès enfance et sans estude nous l'apprenons, les autres avecques grand'peine et industrie. Que s'il estoit, comme la grecque et latine, pery et mis en reliquaire de livres, je ne doute point qu'il ne fust (ou peu s'en faudroit) aussi difficile à apprendre comme elles sont. J'ay bien voulu dire ce mot, pource que la curiosité humaine admire trop plus les choses rares, et difficiles à trouver, bien qu'elles ne soyent si commodes pour l'usage de la vie, comme les odeurs et les gemmes, que les communes et necessaires, comme le pain et le vin. Je ne voy pourtant qu'on doive estimer une langue plus excellente que l'autre, seulement pour estre plus difficile, si on ne vouloit dire que Lycophron fust plus excellent qu'Homere, pour estre plus obscur, et Lucrece que Virgile, pour ceste mesme raison.

CHAPITRE XII

DÉFENSE DE L'AUTEUR

Ceux qui penseront que je soy' trop grand admirateur de ma langue, aillent voir le premier livre *Des fins des biens et des maux*, fait par ce pere d'eloquence latine, Ciceron, qui au commencement dudit livre, en autres choses, respond à ceux qui desprisoyent les choses escrites en latin, et les aimoyent mieux lire en grec. La conclusion du propos est, qu'il estime la langue latine, non seulement n'estre pauvre, comme les Romains estimoient lors, mais encore estre plus riche que la grecque. Quel ornement, dit-il, d'oraison copieuse, ou elegante, a defailly, je diray à nous, ou aux bons orateurs, ou aux poëtes, depuis qu'ils ont eu quelqu'un qu'ils peussent imiter ? Je ne veux pas donner si haut los à nostre langue, pource qu'elle n'a point encore ses Cicerons et Virgiles, mais j'ose bien asseurer que si les sçavans hommes de nostre nation la daignoyent autant estimer, que les Romains faisoyent la leur, elle pourroit quelquefois, et bien tost, se mettre au rang des plus fameuses. Il est temps de clorre ce pas à fin de toucher particulierement les principaux points de l'amplification et ornement de nostre langue. En quoy, lecteur, ne t'esbahis, si je ne parle de l'orateur comme du poëte. Car outre que les vertus de l'un sont pour la plus grande part communes à l'autre, je n'ignore point qu'Estienne Dolet, homme de bon jugement en nostre vulgaire, a formé l'*Orateur François* que quelqu'un (peut estre) ami de la memoire de l'auteur et de la France, mettra de brief et fidelement en lumiere.

LIVRE DEUXIÈME

CHAPITRE PREMIER

DE L'INTENTION DE L'AUTEUR

POURCE que le poète et l'orateur sont comme les deux piliers qui soutiennent l'edifice de chacune langue, laissant celui que j'entens avoir esté basty par les autres, j'ay bien voulu pour le devoir en quoy je suis obligé à la patrie, tellement quellement esbaucher celui qui restoit : esperant que par moy, ou par une plus docte main, il pourra recevoir sa perfection. Or ne veux-je, en ce faisant, feindre comme une certaine figure de poëte, qu'on ne puisse ny des yeux, ny des oreilles, ny d'aucuns sens apercevoir, mais comprendre seulement de la cogitation et de la pensée : comme ces idées, que Platon constituoit en toutes choses, auxquelles ainsi qu'à une certaine espèce imaginative, se refere tout ce qu'on peut voir. Cela certainement est de trop plus grand sçavoir, et loisir que le mien : et penseray avoir beaucoup mérité des miens, si je leur monstre seulement avecques le doigt le chemin qu'ils doyvent suyvre pour atteindre à l'excellence des anciens, où quelque autre, peut estre incité par nostre petit labeur, les conduira avecques la main. Mettons doncques, pour le commencement, ce que nous avons (ce me semble) assez prouvé au premier livre. C'est que sans l'imitation des Grecs et Romains, nous ne pouvons donner à nostre langue l'excellence et lumiere des autres plus fameuses. Je scay que beaucoup me reprendront, qui ay osé le premier des François introduire quasi comme une nouvelle poésie, ou ne se tiendront pleinement satisfaits, tant pour la briefveté, dont j'ay voulu user, que pour la diversité des esprits, dont les uns trouvent bon ce que les autres trouvent mauvais. Marot me plaist, dit quelqu'un, pource qu'il est facile, et ne s'elongne point de la commune maniere de parler; Heroët, dit quelque autre, pource que tous ses vers sont doctes, graves et elaborez; les autres d'un autre se delectent. Quant à moy, telle superstition ne m'a point retiré de mon entreprise, pource que j'ay toujours estimé nostre poësie françoise estre capable de quelque plus haut et meilleur stile que celuy dont nous nous sommes si longuement contentez. Disons donc briefvement ce que nous semble de nos poëtes françois.

CHAPITRE II

DES POËTES FRANÇOIS

De tous les anciens poëtes françois, quasi un seul, Guillaume du Lauris et Jean de Meun sont dignes d'estres leus, non tant pour ce qu'il y ait en eux beaucoup de choses qui se doivent imiter des modernes, comme pour y voir quasi comme une première image de la langue françoise, venerable pour son antiquité.

Je ne doute point que tous les peres criroyent la honte estre perdue, si j'osoy' reprendre ou amender quelque chose en ceux que jeunes ils ont appris, ce que je ne veux faire aussi : mais bien soutiens-je, que celuy est trop grand admirateur de l'anciennelé, qui veut defrauder les jeunes de leur gloire meritée, n'estimant rien, comme dit Horace, sinon ce que la mort a sacré; comme si le temps, ainsi que les vins, rendoit les poësies meilleures. Les plus recens, mesme ceux qui ont esté nommez par Clement Marot en un certain Epigramme à Salel, sont assez cognus par leurs œuvres; j'y renvoye les lecteurs pour en faire jugement. Bien diray-je, que Jean le Maire de Belges me semble avoir premier illustré et les Gaules et la langue françoise, luy donnant beaucoup de mots et manieres de parler poetiques, qui ont bien servy mesme aux plus excellens de nostre temps. Quant aux modernes, ils seront quelquesfois assez nommez, et si j'en vouloy' parler, ce seroit seulement pour faire changer d'opinion à quelques uns, ou trop iniques ou trop severes estimateurs des choses, qui tous les jours trouvent à reprendre en trois ou quatre des meilleurs, disant, qu'en l'un défaut ce qui est le commencement de bien escrire, c'est le sçavoir, et auroit augmenté sa gloire de la moitié, si de la moitié il eust diminué son livre. L'autre, outre sa rime, qui n'est partout bien riche, est tant denué de tous ces delices et ornemens poëtiques, qu'il mérite plus le nom de philosophe que de poëte. Un autre, pour n'avoir encores rien mis en lumiere sous son nom, ne merite qu'on luy donne le premier lieu : et semble (disent aucuns) que par les escrits de ceux de son temps, il veuille eterniser son nom, non autrement que Demade est ennobly par la contention de Demosthene, et Hortense, de Ciceron : que si on en vouloit faire jugement au seul rapport de la renommée, on rendroit les vices d'iceluy egaux, voire plus grands que ses vertus, d'autant que tous les jours se lisent nouveaux escrits sous son nom, à mon advis aussi elongnez d'aucunes choses qu'on m'a quelquefois asseuré estre de luy, comme en eux n'y a ny grace, ny erudition. Quelqu'autre, voulant trop s'elongner du vulgaire, est tombé en obscurité aussi difficile à esclaircir en ses escrits aux plus sçavans, comme aux plus ignares. Voilà une partie de ce que j'oy dire en beaucoup de lieux, des meilleurs de nostre langue. Que pleust à Dieu le naturel d'un chacun estre aussi candide à louer les vertus, comme diligent à observer les vices d'autruy. La tourbe de ceux (hors mis cinq ou six) qui suivent les principaux, comme port'enseignes, est si mal instruite de toutes choses que par leur moyen nostre vulgaire n'a garde d'estendre gueres loin les bornes de son empire. Et si j'estoy' du nombre de ces anciens critiques juges des poëmes, comme un Aristarque et Aristophane ou (s'il faut ainsi parler) un sergent de bande en nostre langue françoise, j'en mettroy beaucoup hors de la bataille, si mal armez, que se fiant en eux, nous serions trop elongnez de la victoire où nous devons aspirer. Je ne doute point que beaucoup, principalement de ceux qui sont accommodez à l'opinion vulgaire, et dont les tendres oreilles ne peuvent rien souffrir au desavantage de ceux qu'ils ont déjà reçeus comme oracles, trouveront mauvais de ce que j'ose si librement parler, et quasi comme juge souverain prononcer de nos poëtes français : mais si j'ay dit bien ou mal, je m'en rapporte à ceux qui sont plus amis de la vérité que de Platon ou Socrate, et ne sont imitateurs que des Pythagoriques, qui pour toutes raisons n'allegoyent sinon : Cestuy là l'a dit. Quant à moy, si j'estois enquis de ce qu'il me semble de nos meilleurs poëtes françois, je diroy' à l'exemple des Stoïques, qui interrogez si Zenon, si Cléante, si Chrysippe sont sages, respondent ceux-là certainement avoir esté grands et venerables, n'avoir eu toutesfois ce qui est le plus excellent en la nature de l'homme : je respondroy' (dy je) qu'ils ont bien escrit, qu'ils ont illustré nostre langue, que la France leur est obligée : mais aussi diroy' je bien, qu'on pourroit trouver en nostre langue (si quelque sçavant homme y vouloit mettre la main) une forme de poësie beaucoup plus exquise, laquelle il faudroit cercher en ces vieux Grecs et Latins, non point ès auteurs françois, pource qu'en ceux-cy on ne sçaurait prendre que bien peu, comme la peau et la couleur : en ceux-là on peut prendre la chair, les os, les nerfs et le sang. Et si quelqu'un malaisé à contenter ne vouloit point prendre ces raisons en payement, je diroy' (à fin de n'estre veu examiner les choses si rigoureusement sans cause) que aux autres arts et sciences la mediocrité peut meriter quelque louange : mais aux poëtes ny les dieux, ny les hommes, ny les colomnes n'ont point concedé estre mediocres, suivant l'opinion d'Horace, que je ne puis assez souvent nommer, pource qu'ès choses que je traicte, il me semble avoir le cerveau mieux purgé et le nez meilleur que les autres. Au fort, comme Desmosthène respondit quelquefois à Æschine, qui l'avoit repris de ce qu'il usoit de mots aspres et rudes, de telles choses ne despendre les fòrtunes de Grèce : aussi diroy' je, si quelqu'un se fasche de quoy je parle si librement, que de là ne dependent les victoires du roy Henry, à qui Dieu veuille donner la felicité d'Auguste et la bonté de Trajan. J'ay bien voulu (lecteur studieux de la langue françoise) demeurer longuement en ceste partie, qui te semblera (peut estre) contraire à ce que j'ay promis : veu que je ne prise assez hautement ceux qui tiennent le premier lieu en nostre vulgaire, qui avoy' entrepris de le louer et defendre : toutesfois je croy que tu ne le trouveras point estrange, si tu consideres que je ne le puis mieux defendre, qu'attribuant la pauvreté d'iceluy, non à son propre et naturel, mais à la negligence de ceux qui en ont pris le gouvernement : et ne te puis mieux persuader d'y escrire, qu'en te montrant le moyen de l'enrichir et illustrer, qui est l'imitation des Grecs et Romains.

CHAPITRE III

QUE LE NATUREL N'EST SUFFISANT A CELUY QUI EN POËSIE VEUT FAIRE ŒUVRE DIGNE DE L'IMMORTALITÉ

Mais pource qu'en toutes langues y en a de bons et de mauvais, je ne veux pas, lecteur, que sans election et jugement tu te prennes au premier venu. Il vaudroit beaucoup mieux escrire sans imitation, que ressembler à un mauvais auteur : veu mesme que c'est chose accordée entre les plus sçavans, le naturel faire plus sans la doctrine, que la doctrine sans le naturel : toutefois d'autant que l'amplification de nostre langue (qui est ce que je traite) ne se peut faire sans doctrine et sans erudition, je veux bien advertir ceux qui aspirent à ceste gloire d'imiter les bons auteurs Grecs et Romains, voire bien Italiens, Espagnols et autres : ou du tout n'escrire point, sinon à soy, comme on dit, et à ses Muses. Qu'on ne m'allegue point icy quelques uns des nostres, qui sans doctrine, à tout le moins non autre que mediocre, ont acquis grand bruit en nostre vulgaire. Ceux qui admirent volontiers les petites choses, et desprisent ce qui excede leur jugement, en feront tels cas qu'ils voudront : mais je sçay bien que les sçavans ne les mettront en autre rang que de ceux qui parlent bien françois, et qui ont (comme disoit Ciceron des anciens auteurs romains) bon esprit, mais bien peu d'artifice. Qu'on ne m'allegue point aussi que les poëtes naissent, car cela s'entend de cette ardeur et allegresse d'esprit qui naturellement excite les poëtes, et sans laquelle toute doctrine leur seroit manque et inutile. Certainement ce seroit chose trop facile, et pourtant contemptible, se faire eternel par renommée, si la felicité de nature, donnée mesmes aux plus indoctes, estoit suffisante pour faire chose digne de l'immortalité. Qui veut voler par les mains et bouches des hommes, doit longuement demeurer en sa chambre : et qui desire vivre en la memoire de la posterité, doit, comme mort en soy-même, suer et trembler maintesfois, et, autant que nos poëtes courtisans boivent, mangent et dorment à leur aise, endurer de faim, de soif et de longues vigiles. Ce sont les ailes dont les escrits des hommes volent au ciel. Mais à fin que je retourne au commencement de ce propos, regarde nostre imitateur premierement ceux qu'il voudra imiter, et ce qu'en eux il pourra, et qui se doit imiter, pour ne faire comme ceux, qui voulant apparoistre semblables à quelque grand seigneur, imiteront plus tost un petit geste et façon de faire vicieuse de luy, que ses vertus et bonnes graces. Avant toutes choses, faut qu'il y ait ce jugement de cognoistre ses forces, et tenter combien ses espaules peuvent porter : qu'il sonde diligemment son naturel, et se compose à l'imitation de celuy dont il se sentira approcher de plus près, autrement son imitation ressembleroit à celle du singe.

CHAPITRE IV

QUELS GENRES DE POËMES DOIT ELIRE LE POËTE FRANÇOIS

Ly doncques, et rely premierement, ô poëte futur, feuillette de main nocturne et journelle les exemplaires grecs et latins, puis me laisse toutes ces vieilles poësies françoises aux jeux Floraux de Toulouse et au Puy de Rouen : comme rondeaux, ballades, virelais, chants royaux, chansons et autres telles espiceries, qui corrompent le goust de nostre langue et ne servent sinon à porter tesmoignage de notre ignorance. Jette-toy à ces plaisans epigrammes, non point comme font aujourd'huy un tas de faiseurs de comptes nouveaux, qui en un dizain sont contents n'avoir rien dit qui vaille aux neuf premiers vers, pourveu qu'au dixiéme il y ait le petit mot pour rire : mais à l'imitation d'un Martial, ou de quelqu'autre bien approuvé, si la lascivité ne te plaist, mesle le profitable avecques le doux. Distile, avecques un stile coulant et non scabreux, ces pitoyables elegies, à l'exemple d'un Ovide, d'un Tibule et d'un Properce, y entremeslant quelquesfois de ces fables anciennes, non petit ornement de poësie. Chante-moy ces odes, incogneues encore de la Muse françoise, d'un luc bien accordé au son de la lyre grecque et romaine, et qu'il n'y ait vers où n'apparoisse quelque vestige de rare et authentique erudition. Et quant à ce, te fourniront de matière les louanges des dieux et des hommes vertueux, le discours fatal des choses mondaines, la sollicitude des jeunes hommes, comme l'amour, les vins libres, et toute bonne chere. Sur toutes choses, prends garde que ce genre de poëme soit elongné du vulgaire, enrichy et illustré de mots propres et epithetes non oisifs, ornés de graves sentences, et varié de toutes manieres de couleurs et ornements poëtiques : non comme un *Laissez la verde couleur, Amour avec Psyché, O combien est heureuse,* et autres tels ouvrages, mieux dignes d'estre nommez chansons vulgaires, qu'odes ou vers lyriques. Quant aux epistres, ce n'est un poëme qui puisse enrichir grandement nostre vulgaire, pource qu'elles sont volontiers de choses familieres et domestiques, si tu ne les voulois faire à l'imitation d'elegies, comme Ovide, ou sententieuses et graves comme Horace. Autant te dy-je des satyres, que les François, je ne sçay comment, ont appellées cocs à l'asne, esquels je te conseille aussi peu t'exercer, comme je te veux estre aliene de mal dire : si tu ne voulois, à l'exemple des anciens, en vers héroïques (c'est à dire de dix à onze, et non seulement de huit à neuf) sous le nom de satyre, et non de cette inepte appellation de coc à l'asne, taxer modestement les vices de ton temps, et pardonner au nom des personnes vicieuses. Tu as pour cecy

Horace, qui selon Quintilian, tient le premier lieu entre les satyriques. Sonne-moy ces beaux sonnets, non moins docte que plaisante invention italienne, conforme de nom à l'ode, et differente d'elle seulement, pource que le sonnet a certains vers reiglez et limitez : et l'ode peut courir par toutes manieres de vers librement, voire en inventer à plaisir à l'exemple d'Horace, qui a chanté en dix-neuf sortes de vers, comme disent les grammairiens. Pour le sonnet doncques tu as Petrarque et quelques modernes Italiens. Chante moy d'une musette bien resonante et d'une fluste bien jointe ces plaisantes eglogues rustiques, à l'exemple de Théocrite et de Virgile, marines à l'exemple de Sennazar gentil homme Néapolitain. Que pleust aux Muses, qu'en toutes les especes de poësies que j'ay nommées nous eussions beaucoup de telles imitations, qu'est ceste eglogue sur la naissance du fils de monseigneur le Dauphin, à mon gré un des meilleurs petits ouvrages que fit oncques Marot. Adopte moy aussi en la famille françoise ces coulans et mignars hendecasyllabes à l'exemple d'un Catule, d'un Pontan et d'un Second, ce que tu pourras faire, sinon en quantité pour le moins en nombre de syllabes. Quant aux comedies et tragedies, si les roys et les republiques les vouloient restituer en leur ancienne dignité, qu'ont usurpée les farces et moralités, je seroy' bien d'opinion que tu t'y employasses, et si tu le veux faire pour l'ornement de ta langue, tu sçais ou tu en dois trouver les archetypes.

CHAPITRE V

DU LONG POËME FRANÇOIS

Doncques, ô toy qui doué d'une excellente felicité de nature, instruit de tous bons arts et sciences, principalement naturelles et mathematiques, versé en tous genres de bons auteurs grecs et latins, non ignorant des parties et offices de la vie humaine, non de trop haute condition, ou appelé au regime public, non aussi abject et pauvre, non troublé d'affaires domestiques, mais en repos et tranquillité d'esprit, acquise premièrement par la magnanimité de ton courage, puis entretenue par ta prudence et sage gouvernement : ô toy (dy-je) orné de tant de graces et perfections, si tu as quelquesfois pitié de ton pauvre langage, si tu daignes l'enrichir de tes thresors ce sera toy veritablement qui luy feras hausser la teste, et d'un brave sourcil s'egaler aux superbes langues grecque et latine, comme a fait de nostre temps en son vulgaire un Arioste italien, que j'oseroy' (n'estoit la sainctеté des vieux poëmes) comparer à un Homere et Virgile. Comme luy doncques, qui a bien voulu emprunter de nostre langue les noms et l'histoire de son poëme, choisy moi quelqu'un de ces beaux vieux romans françois comme un Lancelot, un Tristan, ou autres : et en fay renaistre au monde une admirable Iliade et laborieuse Eneide : je veux bien en passant dire un mot à ceux qui ne s'emploient qu'à orner et emplifier nos romans, et en font des livres certainement en beau et fluide langage, mais beaucoup plus propre à entretenir damoiselles, qu'à doctement escrire : je voudroy' bien (dy-je) les advertir d'employer ceste grande eloquence à recueillir ces fragmens de vieilles chroniques françoises, et comme a fait Tite-Live des annales et autres anciennes chroniques romaines, en bastir le corps entier d'une belle histoire, y entremeslant à propos ces belles concions et harangues, à l'imitation de celuy que je viens de nommer, de Thucydide, Saluste, ou quelque autre bien approuvé, selon le genre d'escrire où ils se sentiroyent propres. Telle œuvre certainement seroit à leur immortelle gloire, honneur de la France, et grande illustration de nostre langue. Pour reprendre le propos que j'avoy' laissé : quelqu'un (peut estre) trouvera estrange que je requiere une si exacte perfection en celuy qui voudra faire un long poëme, veu aussi qu'à peine se trouveroyent, encore qu'ils fussent instruits de toutes ces choses, qui voulussent entreprendre un œuvre de si laborieuse longueur, et quasi de la vie d'un homme. Il semblera à quelque autre, que voulant bailler les moyens d'enrichir nostre langue, je face le contraire, d'autant que je retarde plustost, et refroidis l'estude de ceux qui estoyent bien affectionnez à leur vulgaire, que je ne les incite, pource que, debilitez par desespoir, ne voudront point essayer ce à quoy ne s'attendront de pouvoir parvenir. Mais c'est chose convenable que toutes choses soient experimentées de tous ceux qui desirent atteindre à quelque haut poinct d'excellence et gloire non vulgaire. Que si quelqu'un n'a du tout ceste grande vigueur d'esprit, ceste parfaite intelligence des disciplines, et toutes ces autres commoditez que j'ay nommées, tienne pourtant le cours tel qu'il pourra. Car c'est chose honneste à celuy qui aspire au premier rang demeurer au second, voire au troisieme. Non Homere seul entre les Grecs, non Virgile entre les Latins, ont acquis los et reputation. Mais telle a esté la louange de beaucoup d'autres, chacun en son genre, que pour admirer les choses hautes, on ne laissoit pourtant de louer les inférieures. Certainement si nous avions des Mecenes et des Augustes, les cieux et la nature ne sont point si ennemis de nostre siecle, que n'eussions encore des Virgiles. L'honneur nourrit les arts, nous sommes tous par la gloire enflammez à l'estude des sciences, et ne s'eslevent jamais les choses qu'on voit estre desprisées de tous. Les roys et les princes devroyent (ce me semble) avoir memoire de ce grand empereur, qui vouloit plustost la venerable puissance des loix estre rompue, que les œuvres de Virgile, condamnées au feu par le testament de l'auteur, fussent brulées. Que dirai je de cest autre grand monarque, qui desirait plus le renaistre d'Homere que le gain d'une grosse bataille ? et quelquefois estant près du tombeau d'Achille, s'escria hautement : O bien heureux adolescent, qui as trouvé un tel buccinateur de tes louanges ! Et à la verité, sans la divine muse d'Homere, le mesme tombeau qui couvroit le corps d'Achille eust aussi accablé son renom. Ce qui advient à tous ceux qui mettent l'assurance de leur immortalité au marbre, au cuivre, aux colosses, aux pyramides, aux laborieux edifices et aux autres choses non moins subjectes aux injures du ciel et du temps, de la flamme et du fer, que de frais excessifs et perpetuelle sollicitude. Les allechements de Venus, la gueule et les ocieuses plumes ont chassé d'entre les hommes tout desir de l'immortalité : mais encor' est-ce chose plus indigne que ceux, qui d'ignorance et toutes especes de vices font leur plus grande gloire, se moquent de ceux qui en ce tant louable labeur poëtique, employent les heures que les autres cousument aux jeux, aux bains, aux banquets, et autres tels menus plaisirs. Or neantmoins quelque infelicité de siecle, où nous soyons, toy, à qui les dieux et les Muses auront esté si favorables, comme j'ay dit, bien que tu sois depourveu de la faveur des hommes, ne laisse pourtant à entreprendre un œuvre digne de toy, mais non deu à ceux, qui tout ainsi qu'ils ne font choses louables, aussi ne font-ils cas d'estre louez : espere le fruict de ton labeur de l'incorruptible et non envieuse posterité : c'est la gloire, seule eschelle par les degrés de laquelle les mortels d'un pied leger montent au ciel et se font compagnons des dieux.

CHAPITRE VI

D'INVENTER DES MOTS ET QUELQUES AUTRES CHOSES QUE DOIT OBSERVER LE POËTE FRANÇOIS

Mais de peur que le vent d'affection ne pousse mon navire si avant en ceste mer, que je soy' en danger de naufrage, reprenant la route que j'avoy' laissée, je veux bien avertir celuy qui entreprendra un grand œuvre, qu'il ne craigne point d'inventer, adopter et composer à l'imitation des Grecs, quelques mots françois, comme Ciceron se vante d'avoir fait en sa langue. Mais si les Grecs et Latins eussent été superstitieux en cest endroit, qu'auroyent-ils ores de quoy magnifier si hautement ceste copie, qui est en leurs langues ? Et si Horace permet qu'on puisse en un long poëme dormir quelquesfois, est-il defendu en ce mesme endroit user de quelques mots nouveaux, mesmes quand la necessité nous y contraint ? Nul, s'il n'est vrayement du tout ignare, voire privé de sens commun, ne doute point que les choses n'ayent premierement esté, puis, après, les mots avoir esté inventez pour les signifier : et par consequent aux nouvelles choses estre necessaire imposer nouveaux mots, principalement ès arts, dont l'usage n'est point encores commun et vulgaire, ce qui peut arriver souvent à nostre poëte, auquel sera necessaire emprunter beaucoup de choses non encore traitées en nostre langue. Les ouvriers (à fin que je ne parle des sciences liberales) jusques aux laboureurs mesmes, et toutes sortes de gens mecaniques, ne pourroyent conserver leur mestiers, s'ils n'usoyent de mots, à eux usitez et à nous incogneus. Je suis bien d'opinion que les procureurs et avocats usent de termes propres à leur profession, sans rien innover : mais vouloir oster la liberté à un sçavant homme, qui voudra enrichir sa langue, d'usurper quelquesfois des vocables non vulgaires, ce seroit restraindre nostre langage, non encore assez riche, sous une trop plus rigoureuse loy que celle que les Grecs et Romains se sont donnée. Lesquels, combien qu'ils fussent, sans comparaison, plus que nous copieux et riches, neantmoins ont concedé aux doctes hommes user souvent de mots non accoustumez ès choses non accoustumées. Ne crains doncques, poëte futur, d'innover quelque terme en un long poëme, principalement, avecques modestie toutesfois, analogie et jugement de l'oreille, et ne te soucie qui le trouve bon ou mauvais : esperant que la posterité l'approuvera, comme celle qui donne foy aux choses douteuses, lumiere aux obscures, nouveauté aux antiques, usage aux non accoutumées, et douceur aux aspres et rudes. Entre autres choses se garde bien nostre poëte d'user de noms propres latins ou grecs, chose vrayement aussi absurde, que si tu appliquois une pièce de velours vert à une robe de velours rouge. Mais seroit-ce pas une chose bien plaisante, user en un ouvrage latin d'un nom propre d'homme, ou d'autre chose, en françois ? Comme *Jan currit, Loyre fluit* et autres semblables. Accommode doncques tels noms propres de quelque langue que ce soit à l'usage de ton vulgaire : suyvant les Latins, qui pour Ηρακλῆς ont dit *Hercules*, pour Θησεύς *Theseus* : et dy Hercule, Thesée, Achille, Ulysse, Virgile, Ciceron, Horace. Tu dois pourtant user en cela de jugement et discretion : car il y a beaucoup de tels noms qui ne se peuvent approprier en françois, les uns monosyllabes, comme Mars : les autres dissyllabes comme Venus : aucuns de plusieurs syllabes, comme Jupiter, si tu ne voulois dire Jove : et autres infinis, dont je ne te sçauroy' bailler certaine regle. Parquoy je renvoye tout au jugement de ton oreille. Quant au reste, use de mots purement françois, non toutefois trop communs, non point aussi trop inusitez, si tu ne voulois quelquefois usurper, et quasi comme enchasser ainsi qu'une pierre precieuse et rare, quelques mots antiques en ton poëme, à l'exemple de Virgile, qui a usé de ce mot *olli* pour *illi, aulai* pour *aulæ*, et autres. Pour ce faire te faudroit voir tous ces vieux Romans et poëtes françois, où tu trouveras un *ajourner* pour *faire jour*, que les praticiens se sont fait propre : *anuicter* pour *faire nuict* : *assener* pour *frapper où on visoit*, et proprement d'un coup de main : *isnel* pour *leger*, et mille autres bons mots, que nous avons perdus par nostre negligence. Ne doute point que le moderé usage de tels vocables ne donne grande majesté tant au vers, comme à la prose : ainsi que font les reliques des saints aux croix, et autres sacrez joyaux dediez au temple.

CHAPITRE VII

DE LA RYTHME ET DES VERS SANS RYTHME

Quant à la rythme, je suis bien d'opinion qu'elle soit riche, pour ce qu'elle nous est ce qu'est la quantité aux Grecs et Latins. Et bien que n'ayons cet usage de pieds comme eux, si est-ce que nous avons un certain nombre de syllabes en chacun genre de poëme, par lesquelles, comme par chaînons, le vers françois lié et enchainé est contraint de se rendre en ceste estroite prison de rythme, sous la garde, le plus souvent, d'une coupe feminime, facheux et rude geolier et incogneu des autres vulgaires. Quand je dy que la rythme doit estre riche, je n'entends qu'elle soit contrainte et semblable à celle d'aucuns, qui pensent avoir fait un grand chef-d'œuvre en françois, quand ils ont rymé un *imminent* et un *eminent*, un *misericordieusement* et un *melodieusement*, et autres de semblable farine, encores qu'il n'y ait sens ou raison qui vaille : mais la rythme de nostre poëte sera volontaire, non forcée : receue, non appellée : propre, non aliene : naturelle, non adoptive : bref, elle sera telle, que le vers tombant en icelle, ne contentera moins l'oreille qu'une bien armonieuse musique tombante en un bon et parfait accord. Ces equivoques doncques et ces simples, rymez avecques leurs composés, comme un *baisser* et *abaisser*, s'ils ne changent ou augmentent grandement la signification de leurs simples, me soyent chassez bien loing : autrement qui ne voudroit regler sa rythme comme j'ay dit, il vaudroit beaucoup mieux ne rymer point, mais faire des vers libres, comme a fait Petrarque en quelque endroit, et de nostre temps le seigneur Loys Aleman en sa non moins docte que plaisante *Agri-*

culture. Mais tout ainsi que les peintres et statuaires mettent plus grand' industrie à faire beaux et bien proportionnez les corps qui sont nuds, que les autres : aussi faudroit-il bien que ces vers non rymez, fussent bien charnus et nerveux, à fin de compenser par ce moyen, le defaut de la rythme. Je n'ignore point que quelques uns ont fait une division de rythme, l'une en son, et l'autre en ecriture, à cause de ces diphthongues *ai*, *ei*, *oi*, faisant conscience de rymer *maistre* et *prestre*, *fontaines* et *Athenes*, *connoistre* et *naistre*. Mais je ne veux que nostre poëte regarde si superstitieusement à ces petites choses, et luy doit suffire que les deux dernieres syllabes soyent unissones, ce qui arriveroit en la plus grande part, tant en voix qu'en ecriture, si l'orthographe françoise n'eust point eté depravée par les praticiens. Et pource que Loys Megret, non moins amplement que doctement, a traité ceste partie, lecteurs je te renvoye à son livre : et feray fin à ce propos, t'ayant sans plus averty de ce mot en passant, c'est que tu gardes de rythmer les mots manifestement longs avec les brefs, aussi manifestement brefs comme un *passe* et *trace*, un *maître* et *mettre*, une *chevelure* et *hure*, un *bast* et *bat*, et ainsi des autres.

CHAPITRE VIII

DE CE MOT RYTHME, DE L'INVENTION DES VERS RYMEZ, ET DE QUELQUES AUTRES ANTIQUITÉS USITÉES EN NOSTRE LANGUE

Tout ce qui tombe sous quelque mesure et jugement de l'oreille (dit Ciceron) en latin s'appelle *Numerus,* en grec ῥυθμὸς, non point seulement au vers, mais à l'oraison. Parquoy improprement nos anciens ont astraint le nom du genre sous l'espece, appellant rythme ceste consonance de syllabes à la fin des vers, qui se devroit plustost nommer ὁμοιοτέλευτον, c'est à dire finissant de mesmes, l'une des especes du rythme. Ainsi les vers, encores qu'ils ne finissent point en un même son, generalement se peuvent appeller rythme : d'autant que la signification de ce mot ῥυθμὸς, est fort ample, et emporte beaucoup d'autres termes, comme κανώυ, μέτρον, μέλος εὔφωνον, ἀκολουθία, τάξις, σύγκρισις, *regle*, *mesure*, *melodieuse consonance de voix*, *consecution*, *ordre* et *comparaison*. Or quant à l'antiquité de ces vers que nous appellons rymez, et que les autres vulgaires ont empruntez de nous, si on adjoute foy à Jan le Maire de Belges, diligent recercheur de l'antiquité, Bardus V, roy des Gaules, en fut inventeur, et introduisit une secte de poëtes nommez bardes, lesquels chantoient melodieusement leurs rythmes avecques instruments, louant les uns, et blamant les autres : et estoient (comme tesmoigne Diodore Sicilien en son VIe livre) de si grande estime entre les Gaulois, que si deux armées ennemies estoient prestes à combattre, et lesdits poëtes se missent entre deux, la bataille cessoit, et moderoit chacun son ire. Je pourroy' alleguer assez d'autres antiquités, dont nostre langue aujourd'hui est ennoblie, et qui montrent les histoires n'estre fausses, qui ont dit les Gaules anciennement avoir esté florissantes, non seulement en armes, mais en toutes sortes de sciences et bonnes lettres. Mais cela requiert bien un œuvre entier : et ne seroit après tant d'excellentes plumes qui en ont escrit, mesme de nostre temps, que retistre (comme on dit) la toile de Penelope. Seulement j'ay bien voulu, et ne me semble mal à propos, montrer l'antiquité de deux choses fort vulgaires en nostre langue, et non moins anciennes entre les Grecs. L'une est cete inversion de lettres en un propre nom qui porte quelque devise convenable à la personne, comme en *François de Valoys : de façon suys royal ; Henry de Valoys : roy est de nul hay*. L'autre est en un epigramme, ou quelque autre œuvre poëtique, une certaine election des lettres capitales, disposées en sorte qu'elles portent ou le nom de l'auteur ou quelque sentence. Quant à l'inversion de lettres que les Grecs appellent ἀναγραμματισμός, l'interprete de Lycophron dit en sa vie : en ce temps là florissoit Lycophron, non tant pour la poësie, que pour ce qu'il faisoit des anagrammatismes. Exemple du nom du roy Ptolemée, Πτολεμαῖος, ἀπὸ μέλιτος, c'est à dire, Enmiellé, ou de miel. De la royne Arsinoë, qui fut femme dudit Ptolemée, ἀρσινόη, Ηρας ἴον, c'est-à-dire la violette de Junon. Arthemidore aussi le Stoique a laissé en son livre des Songes un chapitre de l'Anagrammatisme, où il montre, que par l'inversion des lettres on peut exposer les songes. Quant à la disposition des lettres capitales, Eusebe, au livre de la Preparation Evangelique dit, que la Sibylle Erythrée avoit prophetisé de *Jesus-Christ*, proposant à chacun de ses vers certaines lettres, qui declaroyent le dernier advenement de Christ. Lesdites lettres portoient ces mots : *Jesus, Christus, Servator, Crux*. Les vers furent translatez par saint Augustin (et c'est ce qu'on nomme les quinze signes du jugement) lesquels se chantent encore en quelques lieux. Les Grecs appellent cette preposition de lettres, au commencement des vers, αχροστιχίς. Ciceron en parle au livre de Divination, voulant prouver par cete curieuse diligence que les vers des Sibylles estoient faits par artifice et non par inspiration divine. Ceste mesme antiquité se peut voir en tous les argumens de Plaute, dont chacun en ses lettres capitales porte le nom de la comedie.

CHAPITRE IX

OBSERVATIONS DE QUELQUES MANIÈRES DE PARLER FRANÇOISES

J'ai déclaré en peu de paroles ce qui n'avoit encore esté (que je sache) touché de nos rhetoriqueurs françois. Quant aux coupes feminines, apostrophes, accens, l'*é* masculin et l'*é* féminin, et autres telles choses vulgaires, notre poëte les apprendra de ceux qui en ont escrit. Quant aux especes de vers qu'ils veulent limiter, elles sont aussi diverses que la fantasie des hommes et que la mesme nature. Quant aux vertus et vices du poëme si diligemment traités par les anciens, comme Aristote, Horace et après eux Hieronyme Vide ; quant aux figures des sentences et des mots, et toutes les autres parties de l'elocution, les lieux de commiseration, de joye, de tristesse, d'ire, d'admiration et autres commotions de l'âme : je n'en parle point, après si grand nombre d'excellents philosophes et orateurs qui en ont traicté, que je veux avoir été bien leus et releus de nostre poëte, premier qu'il entreprenne quelque haut et excellent ouvrage. Et tout ainsi qu'entre les auteurs latins, les meilleurs sont estimez ceux qui de plus près ont imité les Grecs, je veux aussi que tu t'efforces de rendre, au plus près du naturel que tu pourras, la phrase et maniere de parler latine, en tant que la propriété de l'une et l'autre langue le voudra permettre. Autant te dy-je de la grecque, dont les façons de parler sont fort approchantes de nostre vulgaire, ce que mesme on peut cognoistre par les articles incogneus de la langue latine. Use donc hardiment de l'infinitif pour le nom, comme *l'aller, le chanter, le vivre, le mourir :* de l'adjectif substantivé, comme *le liquide des eaux*, *le vuyde de l'air, le frais des ombres, l'espais des forests, l'enroué des cimballes*, pourveu que telle maniere de parler adjouste quelque grace et vehemence : et non pas, *le chaud du feu, le froid de la glace, le dur du fer*, et leurs semblables : des verbes et participes, qui de leur nature n'ont point d'infinitifs après eux, avec des infinitifs, comme *tremblant de mourir*, et *volant d'y aller*, pour *craignant de mourir*, et *se hastant d'y aller* : des noms pour les adverbes, comme ils combattent *obstinez*, pour *obstinement* : il vole *leger*, pour *legerement* : et mille autres manieres de parler, que tu pourras mieux observer par frequente et curieuse lecture, que je ne te les sçauroy' dire. Entre autres choses je t'averty user souvent de la figure antonomasie, aussi frequente aux anciens poëtes, comme peu usitée, voire incogneue des François. La grace d'elle est quand on designe le nom de quelque chose par ce qui luy est propre, comme le *Pere foudroyant*, pour *Jupiter* : *le Dieu deux fois né*, pour *Bacchus* : *la Vierge chasseresse*, pour *Diane*. Cette figure a beaucoup d'autres especes que tu trouveras chez les rhetoriciens, et a fort bonne grace, principalement aux descriptions, comme : *depuis ceux qui voyent premiers rougir l'aurore, jusques là où Thetis reçoit en ses ondes le fils d'Hyperion*, pour *depuis l'Orient jusques à l'Occident*. Tu en as assez d'autres exemples ès Grecs et Latins, mesmes en ces divines experiences de Virgile, comme du Fleuve glacé, des douze signes du Zodiaque, d'Iris, des douze labeurs d'Hercule et autres. Quant aux epithetes, qui sont en nos poëtes françois, la plus grande part ou froids, ou ocieux, ou mal à propos, je veux que tu en uses de sorte que sans eux ce que tu dirois seroit beaucoup moindre, comme *la flamme devorante, les soucis mordans, la geinnante sollicitude*, et regarde bien qu'ils soyent convenables, non seulement à leurs substantifs, mais aussi à ce que tu decriras, afin que tu ne dies *l'eau ondoyante*, quand tu la veux decrire *impetueuse*, ou *la flamme ardente*, quand tu la veux montrer *languissante*. Tu as Horace entre les Latins fort heureux en ceci, comme en toutes choses. Garde-toy aussi de tomber en un vice commun, mesme aux plus excellens de nostre langue, c'est l'omission des articles. Tu as exemple de ce vice en infinis endroits de ces petites poësies françoises. J'ay quasi oublié un autre défaut bien usité et de très mauvaise grace : c'est quand en la quadrature des vers heroiques la sentence est trop abruptement couppée, comme : *Sinon que tu en montres un plus seur*. Voilà ce que je te vouloy' dire briefment de ce que tu dois observer tant au vers comme à certaines manieres de parler, peu ou point encore usitées des François. Il y en a qui fort superstitieusement entremeslent les vers masculins avec les feminins, comme on peut voir aux psalmes traduits par Marot : ce qu'il a observé (comme je croy) afin que plus facilement on les peust chanter sans varier la musique, pour la diversité des mesures, qui se trouveroyent à la fin des vers. Je trouve cette diligence fort bonne, pourveu que tu n'en fasses point de religion, jusques à contraindre ta diction pour observer telles choses. Regarde principalement qu'en ton vers n'y ait rien dur, hyulque ou redondant, que les periodes soyent bien joints, numereux bien remplissans l'oreille : et tels, qu'ils n'excedent point ce terme et but que naturellement nous sentons, soit en lisant ou en escoutant.

CHAPITRE X

DE BIEN PRONONCER LES VERS

Ce lieu ne me semble mal à propos, dire un mot de la prononciation, que les Grecs appellent : ὑπόκρισις : à fin que s'il t'advient de reciter quelquesfois tes vers, tu les prononces d'un son distinct, non confus, viril, non effeminé, avecques une voix accommodée à toutes les affections que tu voudras exprimer en tes vers. Et certes comme icelle prononciation, et geste approprié à la matiere que l'on traite, voire par le jugement de Demosthene, est le principal de l'orateur : aussi n'est-ce peu de chose que de prononcer ses vers de bonne grace.

Veu que la poësie (comme dit Ciceron) a esté inventée par observation de prudence et mesure des oreilles, dont le jugement est très superbe, comme de celles qui repudient toutes choses aspres et rudes, non seulement en composition et structure de mots, mais aussi en modulation de voix. Nous lisons ceste grace de prononcer avoir esté fort excellente en Virgile, et telle qu'un poëte de son temps disoit, que les vers de luy, par luy pronuncez, estoyent sonoreux et graves : par autres, flacques et effeminez.

CHAPITRE XI

DE QUELQUES OBSERVATIONS OUTRE L'ARTIFICE, AVECQUES UNE INVECTIVE CONTRE LES MAUVAIS POËTES FRANÇOIS

Je ne demeureray longuement en ce que s'ensuit, pource que nostre poëte, tel que je le veux, le pourra assez entendre par son bon jugement, sans aucunes traditions de reigles. Du temps donq' et du lieu qu'il faut elire pour la cogitation, je ne luy en bailleray autres preceptes, que ceux que son plaisir et sa disposition luy ordonneront. Les uns aiment les fraisches ombres des forets, les clairs ruisselets doucement murmurans parmy les prés ornez et tapissez de verdure. Les autres se delectent du secret des chambres et doctes etudes. Il faut s'accommoder à la saison et au lieu. Bien te veux-je avertir de cercher la solitude et le silence amy des Muses, qui aussi (à fin que ne laisses passer ceste fureur divine qui quelquefois agite et eschauffe les esprits poëtiques, et sans laquelle ne faut point que nul espere faire chose qui dure) n'ouvrent jamais la porte de leur sacré cabinet, sinon à ceux qui heurtent rudement. Je ne veux oüblier l'emendation, partie certes la plus utile de nos etudes. L'office d'elle est d'ajouter, oster ou muer à loisir ce que ceste premiere impetuosité et ardeur d'escrire n'avoit permis de faire. Pourtant est-il necessaire, à fin que nos escrits, comme enfans nouveaux nez, ne nous flattent, les remettre à part, les revoir souvent, et en la maniere des ours, à force de lecher, leur donner forme et façon de membres, non imitant ces importuns versificateurs nommez des Grecs μουσοπάταγοι qui rompent à toutes heures les oreilles des miserables auditeurs par leurs nouveaux poëmes. Il ne faut pourtant y estre trop superstitieux, ou (comme les elephans leurs petits) estre dix ans à enfanter ses vers. Sur tout nous convient avoir quelque sçavant et fidele compaignon, ou un amy bien familier, voire trois ou quatre, qui vueillent et puissent cognoistre nos fautes, et ne craignent point blesser nostre papier avecques les ongles. Encore te veux-je advertir de hanter quelquefois, non seulement les sçavans, mais aussi toutes sortes d'ouvriers et gens mecaniques, comme mariniers, fondeurs, peintres, engraveurs et autres, sçavoir leurs inventions, les noms des matieres, des outils et les termes usitez en leurs arts et metiers, pour tirer de là ces belles comparaisons et vives descriptions de toutes choses. Vous semble point, messieurs, qui estes si ennemis de vostre langue, que nostre poëte ainsi armé puisse sortir à la campaigne et se montrer sur les rangs, avec les braves scadrons grecs et romains ? Et vous autres si mal equippez, dont l'ignorance a donné le ridicule nom de rymeurs à nostre langue (comme les Latins appellent leurs mauvais poëtes versificateurs) oserez-vous bien endurer le soleil, la poudre et le dangereux labeur de ce combat ? Je suis d'opinion que vous vous retiriez au bagage avecques les pages et laquais, ou bien (car j'ay pitié de vous) sous les frais ombrages, aux somptueux palais des grands seigneurs et cours magnifiques des princes, entre les dames et damoiselles, où vos beaux et mignons escrits, non de plus longue durée que vostre vie, seront receus, admirez et adorez, non point aux doctes etudes et riches bibliotheques des sçavans. Que pleust aux Muses, pour le bien que je veux à nostre langue, que vos ineptes œuvres fussent bannis, non seulement de là (comme ils sont) mais de toute la France. Je voudroys bien qu'à l'exemple de ce grand monarque, qui defendit que nul n'entreprist de le tirer en tableau, sinon Apelle, ou en statue, sinon Lysippe tous rois et princes amateurs de leur langue defendissent, par edict exprès, à leurs subjects de non mettre en lumiere œuvre aucun, et aux imprimeurs de non l'imprimer, si premierement il n'avoit enduré la lime de quelque sçavant homme, aussi peu adulateur qu'estoit ce Quintilie, dont parle Horace en son art poëtique : où, et en infinis autres endroits dudit Horace, on peut voir les vices des poëtes modernes exprimez si au vif, qu'il semble avoir escrit, non du temps d'Auguste, mais de François et de Henry. Les medecins (dit-il) promettent ce qui appartient aux medecins : les feuvres traictent ce qui appartient aux feuvres: mais nous escrivons ordinairement des poëmes autant les indoctes comme les doctes.

Voilà pourquoi ne se faut esmerveiller si beaucoup de sçavans ne daignent aujourd'hui escrire en nostre langue, et si les estrangers ne la prisent comme nous faisons les leurs, d'autant qu'ils voyent en icelle tant de nouveaux auteurs ignorans, ce qui leur fait penser qu'elle n'est pas capable de plus grand ornement et erudition. O combien je desire voir secher ces *Printemps*, chastier ces *Petites jeunesses*, rabattre ces *Coups d'essay*, tarir ces *Fontaines*, bref, abolir tous ces beaux titres assez suffisans pour degouster tout lecteur sçavant d'en lire davantage. Je ne souhaite moins que ces *Despourveus*, ces humbles *Esperans*, ces *Bannis de lyesse*, ces *Esclaves*, ces *Traverseurs* soient rennvoyez à la table ronde, et ces belles petites devises aux gentils hommes et damoiselles, d'où on les a empruntées. Que diray plus ? Je supplie à Phœbus Apollon, que la France, après avoir esté si longtemps sterile, grosse de luy, enfante bientost un poëte, dont le luc bien resonant fasse taire ces enrouées cornemuses, non autrement que les grenouilles, quand on jette une pierre en leurs marais. Et si, nonobstant cela, cette fievre chaude d'escrire les tourmentoit encores, je leur conseilleroy' ou d'aller prendre medecine en Anticyre, ou, pour le mieux, se remettre à l'etude, et sans honte, à l'exemple de Caton, qui en sa vieillesse apprit les lettres grecques. Je pense bien qu'en parlant ainsi de nos rymeurs, je sembleray à beaucoup trop mordant et satyrique : mais veritable à ceux qui ont sçavoir et jugement et qui desirent la santé de nostre langue, où cet ulcere et chair corrompue de mauvaises poësies est si inveterée, qu'elle ne se peut oster qu'avec le fer et le cautere. Pour conclure ce propos, sçache, lecteur, que celui qui sera veritablement le poëte que je cerche en nostre langue qui me fera indigner, appaiser, ejouir, douloir, aimer, haïr, admirer, estonner : bref, qui tiendra la bride de mes affections, me tournant çà et là à son plaisir. Voyla la vraye pierre de touche où il faut que tu esprouves tous poëmes et en toutes langues. Je m'attends bien qu'il s'en trouvera beaucoup de ceux qui ne trouvent rien bon, sinon ce qu'ils entendent et pensent pouvoir imiter, auxquels nostre poëte ne sera pas agréable : qui diront qu'il n'y a aucun plaisir, et moins de profit à lire tels escrits, que ce ne sont que fictions poëtiques, que Marot n'a point ainsi escrit. A tels, pour ce qu'ils entendent la poësie que de nom, je ne suis deliberé de respondre, produisant pour defense tant d'excellens ouvrages poëtiques grecs, latins et italiens, aussi alienes de ce genre d'escrire, qu'ils approuvent tant, comme ils sont eux mesmes elongnez de toute bonne erudition. Seulement veux-je admonester celuy qui aspire à une gloire non vulgaire, s'elongner de ces ineptes admirateurs, fuir ce peuple ignorant, peuple ennemy de tout rare et antique sçavoir : se contenter de peu de lecteurs à l'exemple de celuy, qui pour tous auditeurs ne demandoit que Platon : et d'Horace qui veut ses œuvres estre leus de trois ou quatre seulement, entre lesquels est Auguste. Tu as, lecteur, mon jugement de nostre poëte françoys, lequel tu suyvras si tu le trouves bon, ou te tiendras au tien, si tu en as quelque autre. Car je n'ignore point combien les jugemens des hommes sont divers, comme en toutes choses, principalement en la poësie, laquelle est comme une peinture et non moins qu'elle subjecte à l'opinion du vulgaire. Le principal but où je vise, c'est la défense de nostre langue, l'ornement et amplification d'icelle, en quoy si je n'ay grandement soulagé l'industrie et labeur de ceux qui aspirent à ceste gloire, ou si du tout je ne leur ay point aidé, pour le moins je penseray avoir beaucoup fait, si je leur ay donné bonne volonté.

CHAPITRE XII

EXHORTATION AUX FRANÇOIS D'ÉCRIRE EN LEUR LANGUE, AVECQUES LES LOUANGES DE LA FRANCE

Doncques, s'il est ainsi que de nostre temps les astres, comme d'un commun accord, ont par une heureuse influence conspiré en l'honneur et accroissement de nostre langue, qui sera celuy des sçavans qui n'y voudra mettre la main, y repandant de tous costés les fleurs et fruicts de ces riches cornes d'abondance grecque et latine ? ou à tout le moins qui ne louera et approuvera l'industrie des autres ? Mais qui sera celuy qui la voudra blasmer ? nul, s'il n'est vrayment ennemi du nom françois. Ce prudent et vertueux Themistocle Athenien monstra bien que la mesme loi naturelle, qui commande à chacun defendre le lieu de sa naissance, nous oblige aussi de garder la dignité de nostre langue, quand il condamna à mort un heraut du roy de Perse, seulement pour avoir employé la langue attique aux commandements du barbare. La gloire du peuple romain n'est moindre (comme a dit quelqu'un) en l'amplification de son langage, que de ses limites. Car la plus haute excellence de leur republique, voire du temps d'Auguste, n'étoit assez forte pour se defendre contre l'injure du temps par le moyen de son Capitole, de ses thermes et magnifiques palais, sans le benefice de leur langue, par laquelle seulement nous les louons, nous les admirons. Sommes-nous doncques moindres que les Grecs ou Romains, qui faisons si peu de cas de la nostre? Je n'ay entrepris de faire comparaison de nous à ceux-là, pour ne faire tort à la vertu françoise, la conferant à la vanité gregeoise : et moins à ceux-cy, pour la trop ennuyeuse longueur que ce seroit de repeter l'origine des deux nations, leurs faits, leurs lois, mœurs et manieres de vîvre : les consuls, dictateurs et empereurs de l'une, les roys, ducs et princes de l'autre. Je confesse que la fortune leur ait quelquefois esté plus favorable qu'à nous : mais aussy diray-je bien (sans renouveler les vieilles playes de Rome, et de quelle excellence en quel mespris de tout le monde, par ses forces mesmes elle a été precipitée) que la France, soit en repos ou en guerre, est de long intervalle à preferer à l'Italie, serve maintenant et mercenaire de ceux auxquels elle souloit commander. Je ne parleray ici de la temperie de l'air, fertilité de la terre, abondance de tous genres de fruicts necessaires pour l'aise et entretien de la vie humaine, et autres innumerables commodités que le ciel, plus prodigalement que liberalement, a elargy à la France. Je ne conteray tant de grosses rivières, tant de belles forests, tant de villes, non moins opulentes que fortes, et pourveues de toutes munitions de guerre. Finablement je ne parleray de tant de mestiers, arts et sciences qui florissent entre nous, comme la musique, peinture, statuaire, 'architecture et autres, non gueres moins que jadis entre les Grecs et Romains. Et si pour trouver l'or et l'argent, le fer n'y viole point les sacrées entrailles de nostre antique mere; si les gemmes, les odeurs et autres corruptions de la première generosité des hommes n'y sont point cerchées du marchand avare: aussi le tigre enragé, la cruelle semence des lyons, les herbes empoisonneresses et tant d'autres pestes de la vie humaine, en sont bien élongnées. Je suis content que ces felicités nous soient communes avecques autres nations, principalement l'Italie: mais quant à la piété, religion, integrité de mœurs, magnanimité de courage, et toutes ces vertus rares et antiques (qui est la vraye et solide louange) la France a toujours obtenu, sans controverse, le premier lieu. Pourquoy doncques sommes-nous si grands admirateurs d'autruy?

pourquoy sommes-nous tant iniques à nous-mesmes? pourquoy mendions-nous les langues etrangeres comme si nous avions honte d'user de la nostre? Caton l'aisné (je dy celuy Caton dont la grave sentence a esté tant de fois approuvée du senat et peuple romain) dit à Posthumie Albin, s'excusant de ce que luy, homme romain, avoit escrit une histoire en grec: Il est vray qu'il t'eust fallu pardonner, si par le decret des Amphyctyoniens tu eusses esté contraint d'ecrire en grec. Se moquant de l'ambitieuse curiosité de celui qui aimoit mieux escrire en une langue estrangere qu'en la sienne, Horace dit, que Romule en songe l'admonesta, lorsqu'il faisoit des vers grecs, de ne porter du bois en la forest: ce que font ordinairement ceux qui escrivent en grec et en latin. Et quand la gloire seule, non l'amour de la vertu, nous devroit induire aux actes vertueux, si ne voy-je pourtant qu'elle soit moindre à celuy qui est excellent en son vulgaire, qu'à celui qui n'escrit qu'en grec ou en latin. Vray est que le nom de celuy-cy (pour autant que ces deux langues sont plus fameuses) s'etend en plus de lieux: mais bien souvent, comme la fumée qui sort grosse au commencement, peu à peu s'évanouit parmy le grand espace de l'air, il se perd, ou pour estre opprimé de l'infinie multitude des autres plus renommez, il demeure quasi en silence et obscurité. Mais la gloire de celuy-là, d'autant qu'elle se contient en ses limites. et n'est divisée en tant de lieux que l'autre, est de plus longue durée, comme ayant son siège et demeure certaine. Quand Ciceron et Virgile se mirent à escrire en latin, l'eloquence et la poësie estoient encore en enfance entre les Romains, et au plus haut de leur excellence entre les Grecs. Si doncques ceux que j'ay nommez, dedaignant leur langue, eussent escrit en grec, est-il croyable qu'ils eussent egalé Homere et Demosthenes ? Pour le moins n'eussent-ils esté entre les Grecs ce qu'ils sont entre les Latins. Petrarque semblablement, et Boccaee, combien qu'ils aient beaucoup escrit en latin, si est-ce que cela n'eust esté suffisant pour leur donner ce grand honneur qu'ils ont acquis, s'ils n'eussent escrit en leur langue. Ce que bien cognoissant maints bons esprits de nostre temps, combien qu'ils eussent jà acquis un bruit non vulgaire entre les Latins, se sont neantmoins convertis à leur langue maternelle, mesmes Italiens, qui ont beaucoup plus grande raison d'adorer la langue latine que nous n'avons. Je me contenteray de nommer ce docte cardinal Pierre Bembe, duquel je doute si oncques homme imita plus curieusement Ciceron, si ce n'est par adventure un Christofle Longueil. Toutefois parce qu'il a escrit en Italien, tant en vers comme en prose, il a illustré et sa langue et son nom, trop plus qu'ils n'estoient auparavant.

Quelqu'un (peut estre) desja persuadé par les raisons que j'ay alleguées, se convertiroit volontiers à son vulgaire, s'il avoit quelques exemples domestiques. Et je dy, que d'autant s'y doit-il plus tost mettre, pour occuper le premier ce à quoy les autres ont failly. Les larges campaignes grecques et latines sont deja si pleines, que bien peu reste d'espace vuyde. Jà beaucoup d'une course legere ont atteint le but tant desiré. Long temps y a que le pris est gaigné. Mais, ô bon Dieu, combien de mer nous reste encore avant que nous soyons parvenus au port! combien le terme de nostre course est encore loin! Toutefois je te veux bien advertir que tous les sçavans hommes de France n'ont point meprisé leur vulgaire. Celuy qui fait renaitre Aristophane et feint si bien le nez de Lucian, en porte bon témoignage. A ma volonté que beaucoup, en divers genres d'escrire, voulussent faire le semblable, non point s'amuser à derober l'escorce de celuy dunt je parle, pour en couvrir le bois tout vermoulu de je ne sçay quelles lourderies, si mal plaisantes, qu'il ne faudroit autre recepte pour faire passer l'envie de rire à Democrite. Je ne craindray point d'alleguer encore, pour tous les autres, ces deux lumières françoises, Guillaume Budé et Lazare de Baïf, dont le premier a escrit, non moins amplement que doctement, l'*Institution du Prince*, œuvre certes assez recommandé par le seul nom de l'ouvrier: l'autre n'a pas seulement traduit l'*Electre* de Sophocle quasi vers pour vers, chose laborieuse, comme entendent ceux qui ont essayé le semblable, mais d'avantage a donné à nostre langue le nom d'*Epigrammes* et d'*Elegies*, avec ce beau mot composé *aigredoux*, à fin qu'on n'attribue l'honneur de ces choses à quelqu'autre: et de ce que je dy, m'a asseuré un gentilhomme mien amy, homme certes non moins digne de foy que de singuliere érudition et jugement non vulgaire. Il me semble (lecteur amy des Muses françoises) qu'après ceux que j'ay nommez, tu ne dois avoir honte d'escrire en ta langue; mais encore dois-tu, si tu es amy de la France, voire de toy-mesme, t'y donner du tout, avecques ceste genereuse opinion, qu'il vaut mieux estre un Achille entre les siens, qu'un Diomede, voire bien souvent un Thersite, entre les autres.

CONCLUSION DE TOUT L'ŒUVRE

Or sommes-nous, la grace à Dieu, par beaucoup de perils et de flots estrangers, rendus au port, à seureté. Nous avons eschappé du milieu des Grecs, et par les scadrons romains penetré jusques au sein de la tant desirée France. Là doncques, François, marchez courageusement vers cette superbe cité romaine : et des serves despouilles d'elle (comme vous avez fait plus d'une fois) ornez vos temples et autels. Ne craignez plus ces oyes criardes, ce fier Manlie, et ce traitre Camille, qui, sous ombre de bonne foy, vous surprenne tous nuds, comptans la rançon du Capitole.

Donnez en ceste Grece menteresse, et y semez encore un coup la fameuse nation des Gallogrecs. Pillez-moy, sans conscience, les sacrez thresors de ce temple Delphique, ainsi que vous avez fait autrefois ; et ne craignez plus ce muet Apollon, ses faux oracles, ny ses flesches rebouchées. Vous souvienne de vostre ancienne Marseille, secondes Athenes, et de vostre Hercule gallique, tirant les peuples après luy par leurs oreilles, avecques une chaine attachée à sa langue.

A L'AMBICIEUX & AVARE ENNEMY DES BONNES LETTRES

Serf de faveur, esclave d'avarice,
Tu n'eus jamais sur toi même pouvoir,
Et je me veux d'un tel Maître pourvoir
Que l'Esprit libre en plaisir se nourrisse.

L'Air, la Fortune et l'humaine Police
Ont en leurs mains ton malheureux avoir.
Le juge avare ici n'a rien à voir,
Ni les trois Sœurs, ni du Temps la malice.

Regarde donc qui est plus souhaitable
L'aise ou l'ennui, le certain ou l'instable.
Quant à l'Honneur, j'espère estre immortel;

Car un cler Nom sous Mort jamais ne tombe.
Le tien obscur ne te promet rien tel :
Ainsi tous deux serez sous même tombe.

CŒLO MUSA BEAT

AU LECTEUR

Amy lecteur, tu trouveras estrange, peut estre, de ce que j'ay si brevement traité un si fertile et copieux argument comme est l'illustration de nostre poésie françoise, capable certes de plus grand ornement que beaucoup n'estiment. Toutesfois tu dois penser que les arts et sciences n'ont receu leur perfection tout à un coup et d'une mesme main ; ainçois par succession de longues années, chacun y conferant quelque portion de son industrie, sont parvenues au point de leur excellence. Recoy doncques ce petit ouvrage, comme un dessein et pourtrait de quelque grand et laborieux edifice, que j'entreprendray (possible) de conduire, croissant mon loysir et mon sçavoir : et si je cognoy que la nation françoise ait agréable ce mien bon vouloir (vouloir dy-je), qui aux plus grandes choses a toujours mérité quelque louange. Quant à l'ortographe, j'ay plus suivi le commun et antique usage de la raison, d'autant que cette nouvelle (mais legitime à mon jugement) façon d'escrire est si mal receue en beaucoup de lieux, que la nouveauté d'icelle eust peu rendre l'œuvre, non gueres de soy recommandable, mal plaisant, voire contemptive, aux lecteurs. Quant aux fautes qui se pourroient trouver en l'impression, comme de lettres transposées, omises ou superflues, la premiere edition les excusera, et la discretion du lecteur sçavant, qui ne s'arrestera à si petites choses.

Adieu, amy lecteur.

COMMENTAIRE HISTORIQUE
& CRITIQUE

COMMENTAIRE HISTORIQUE

DE LA DÉFENSE ET ILLUSTRATION DE LA LANGUE FRANÇOISE

De tous les ouvrages de Joachim du Bellay, la *Deffence et illustration de la langue françoyse* est incontestablement celui qui, à son apparition et dans tous les temps, obtint le plus de succès.

Ce succès, très légitime d'ailleurs, tient à différentes causes que je voudrais étudier ici, la critique en ayant jusqu'à ce jour omis quelques-unes qui me paraissent à moi de première importance, pour s'occuper plus spécialement de la valeur intrinsèque du livre, de ce qu'il contient et même de ce qu'il ne contient pas.

Dans le passé, le succès de la *Deffence* fut dû tout à la fois aux circonstances particulières qui marquèrent son apparition, au nom et au génie de l'auteur, à la nouveauté de l'ensemble de la doctrine, à la polémique qui en résulta, aux œuvres immortelles qui s'y rattachent. Dans le présent — car jamais on n'a autant étudié, analysé, disséqué la *Deffence* que de notre temps — il est dû principalement à ce fait qu'à chaque renouveau de la poésie française, en 1820, en 1865, aussi bien qu'aujourd'hui, Romantiques, Parnassiens, Symbolistes, se sont visiblement inspirés ou réclamés du manifeste de Joachim.

Commençons donc par le commencement, et avant de l'examiner au point de vue critique, faisons l'historique de cet opuscule.

I

Si l'on sait exactement à quelle époque il parut (avril 1549) on ne sait rien ou à peu près rien des conditions dans lesquelles il fut publié, Joachim, contrairement à ce qu'il fit pour l'*Olive* et le *Recueil de poésie*, ayant négligé de nous renseigner sur ce point.

En l'absence de documents officiels et précis, on en est réduit aux conjectures. De là tant de versions contradictoires. Qu'on me permette de donner ici la mienne.

Dans la seconde moitié de l'année 1548, un libraire de Paris nommé Gilles Corrozet mit en vente un petit volume intitulé : *Art poëtique françois pour l'instruction des jeunes studieus et encor peu avancez en la Poésie françoise* (1). Cet ouvrage n'était pas signé, mais au bout de quelques jours ce ne fut un mystère pour personne qu'il était de Thomas Sebillet, ou Sibilet, avocat, lequel, tout en plaidant, cultivait les Muses. C'était la première fois peut-être qu'un traité de ce genre était édité en français ; la curiosité publique en fut d'autant plus excitée, que, parmi les idées qui y étaient exprimées, quelques-unes et non des moindres, avaient déterminé le groupement des jeunes poètes qui s'était formé autour de Dorat, principal du collège Coqueret. Où Sibilet les avait-il prises ? étaient-elles siennes ? les avait-il trouvées dans les deux ou trois recueils de vers où elles étaient éparses et se les était-il appropriées ? ou bien s'était-il fait l'écho complaisant et opportun des disputes littéraires qu'il avait entendues dans le quartier des Écoles entre les partisans de Marot et ceux de la poétique nouvelle représentée timidement par Jacques Peletier et bruyamment, résolument, par les camarades de Ronsard ? Toutes les suppositions sont permises, mais je crois bien aussi qu'il avait été renseigné et quelque peu catéchisé par Étienne Pasquier, son ami intime (2), qui, à son retour

(1) Le privilège de cet ouvrage est du 25 juin 1548. L'épître au lecteur du 27 juin.

(2) Pasquier avait rencontré Sibilet en Italie vers 1547. Il lui a dédié sa *Lettre* III : *Si les Romains ont été supérieurs aux anciens Gaulois, soit au fait des armes ou des lettres.*

d'Italie, s'était enrôlé sous la bannière de Ronsard. Toujours est-il qu'un jour les compagnons de la « docte Brigade » eurent la surprise de voir que leur programme leur revenait du dehors, dans sa partie essentielle, en belles lettres moulées et dans un livre qui, pour comble d'ironie, avait l'air d'avoir été écrit à leur adresse.

Sibilet appartenait à l'école de Clément Marot et conseillait au *novice* de s'inspirer de ce maître et de ses émules, qu'il qualifiait de « bons classiques auteurs ». Cependant, son admiration pour eux n'était pas aveugle et sans réserve, elle était même sur certains points très éveillée et très clairvoyante. Sibilet trouvait par exemple — mais Peletier du Mans l'avait dit avant lui — que le fonds qu'ils avaient exploité en commun était épuisé ou tout près de l'être, qu'il était temps d'abandonner le rondeau, le lai, le virelai, la ballade, qui n'en pouvaient plus, et de cultiver les nouveaux genres : le sonnet, l'ode et l'épopée qu'il appelait « le grand œuvre ». A la vérité il ne répudiait pas tout ce qui était mauvais dans la poésie marotique ; la rime équivoque le séduisait encore, et le meilleur moyen d'enrichir notre langue était encore à ses yeux la traduction littérale et servile des Latins et des Grecs, mais il se faisait une très haute idée de la poésie et du rôle du poëte : la poésie pour lui était un art sacré dont la source était toute religieuse ; le poëte n'était pas, ne devait pas être un simple rimeur : c'était un homme inspiré qu'avait touché le feu divin et qui n'écrivait pas pour « le rude et ignare populaire ».

On le voit par ce résumé succinct, le corps de doctrines, qui peu de temps après allait se faire jour d'une façon si éclatante dans la *Deffence et illustration de la langue françoyse*, était là en germe, comme le diamant qui pour briller ne demande qu'à être dégagé de sa gangue.

Quel effet produisit au collège Coqueret la lecture de cet *Art poétique*? Jl est aisé de s'en rendre compte. Quand on croit avoir inventé quelque chose dont on attend la gloire ou la fortune, il est toujours désagréable de se voir devancer par un concurrent. Je pense donc qu'après avoir lu et discuté l'ouvrage de Thomas Sibilet, nos amis de la Pléiade se consultèrent sur le parti qu'il convenait de prendre. Ils en avaient deux : ou garder le silence, chacun se réservant d'exposer son esthétique dans l'avant-propos de son premier volume de vers, ou répondre par un manlfeste dans lequel serait développée tout au long la pensée de l'École. Si Joachim ne s'était pas trouvé là, on peut être sûr que c'est le parti du silence qui l'aurait emporté, car aucun de ses camarades n'était de force et ne se sentait de taille à engager avec les partisans de Marot et de Saint-Gelays une lutte qui risquait fort de devenir très vive. Mais Joachim était là, qui n'aspirait qu'à « mettre la plume au vent », tant il était impatient de cueillir dans la carrière des lettres, où il venait d'entrer, les lauriers verts que sa mauvaise santé l'avait empêché de cueillir, à l'exemple de Langey, dans la carrière des armes. Comme il était sur le point de publier l'*Olive* avec « une épistre et petit avertissement au lecteur » (1), il proposa à ses amis de ramasser la balle qu'on leur avait jetée par dessus les murs du collège et de la renvoyer dans le camp ennemi. Cette proposition fut acceptée avec d'autant plus d'enthousiasme que, si personne n'avait osé la faire, chacun espérait retirer quelque avantage de la dispute qui allait s'ouvrir entre les deux écoles rivales. Et voilà comment l'épître projetée au lecteur de l'*Olive* devint le manifeste de la *Deffence* et comment ce fut Joachim et non Ronsard qui en fut le rédacteur.

II

M. Ferdinand Brunetière, qui a tant fait pour entretenir le culte de la Pléiade parmi la jeunesse universitaire, disait récemment dans un article vigoureux sur la *Deffence* que, « sans pouvoir le prouver », il ne doutait pas « que Ronsard y eût mis la main », et il priait le lecteur de « comparer notamment le chapitre intitulé: *du long Poème Françoys* à la seconde préface sur la *Franciade* qu'on a retrouvée dans les papiers de Ronsard, mais qu'il n'a publiée lui-même dans aucune édition de ses œuvres (2) ».

(1) Préface de la seconde édition de l'*Olive*.

(2) *Revue des Deux Mondes* du 1er janvier 1901. — M. Émile Faguet qui, dans la question, semble s'en être rap-

Eh bien, j'ai voulu relire ces deux morceaux, et si j'ai trouvé dans la préface de Ronsard — et le contraire eût été surprenant, et cela ne prouve rien, attendu que cette préface est postérieure de plus de vingt ans à la *Deffence* et à l'*Art poétique* de Peletier qu'il ne faut jamais oublier — si j'y ai trouvé, dis-je, des idées qui sont dans le chapitre du *Long Poème* de Joachim et dans d'autres, une chose m'a surtout frappé, c'est la dissemblance de leur style. Le caractère principal de la *Deffence*, son mouvement, son allure générale, sont plutôt ceux d'un discours et d'un discours *improvisé* — je prends ce mot dans le sens où l'entendent les orateurs et non dans le sens de *hâtif* que lui donne M. Brunetière ou dans celui de *bâclé* que lui donne M. Chamard. La préface de la *Franciade* a-t-elle ce caractère, ce mouvement, cette allure? Évi-

porté à l'opinion insuffisamment éclairée de Sainte-Beuve, est plus affirmatif encore et ne craint pas de dire dans son livre sur le *Seizième siècle*, si intéressant malgré tout, et par endroits si neuf, que la *Deffence et illustration* « est de lui (Ronsard) autant que de du Bellay » (p. 202). Je crois avoir refuté victorieusement cette assertion dans la *Vie de Joachim* par d'autres arguments que ceux que je donne ici. J'en ajouterai un dernier pour conclure : Si la *Deffence* était l'œuvre de Ronsard autant que de Joachim, comment se fait-il que le premier ait laissé au second l'honneur de la signer et n'ait jamais réclamé sa part ? Le désintéressement de Ronsard en cette affaire serait d'autant plus extraordinaire qu'il ne l'a pratiqué ni dans l'invention de l'Ode ni dans celle de l'Alexandrin où cependant son rôle d'initiateur est si contestable.

demment non. C'est un beau morceau de littérature où l'art n'a rien laissé à l'improvisation, et quant à l'éloquence qui y règne, car il y en a, elle ne coule point de source comme celle de Joachîm, elle sent le travail de la lime.

Je n'apprendrai pas, en effet, à M. Brunetière que, de même qu'il y a deux sortes d'orateurs : ceux qui improvisent et ceux qui écrivent leurs discours, il y a aussi deux sortes d'écrivains : les spontanés et les laborieux. Les premiers laissent courir leur plume devant eux comme si elle était tenue par une autre main que la leur et comptent sur l'inspiration pour aller jusqu'au bout de leur ouvrage.

De là des hauts et des bas qu'on ne rencontre point chez les autres. Quand ils ne sont pas inspirés, ce qu'ils écrivent est plutôt médiocre ; quand ils le sont, il n'y a pas à dire, ils laissent voir le démon qui les a possédés. Leurs phrases ne sont peut-être pas toujours d'une correction irréprochable, et la propriété des termes qu'ils emploient laisse quelquefois à désirer, mais ils ont des élans, des cris, des trouvailles, des bonheurs d'expression, que procure assez rarement la recherche, et si, dans le flot tumultueux et confus des idées qui se pressent sous leur plume, ils passent souvent de l'une à l'autre, sauf à y revenir plus loin, ils n'en donnent pas moins, malgré ce désordre qui n'est pas toujours chez eux un effet de l'art, la sensation et comme le frisson du beau.

Les laborieux, au contraire, n'abandonnent rien au hasard de l'inspiration ; ils ne s'en tiennent pas au premier jet qui le plus souvent renferme la flamme, mais au risque de l'éteindre, ils développent, ils amendent, ils corrigent ; Ils appellent la rhétorique et la lime à leur secours ; entre la nature et l'art ils n'hésitent pas, ils donnent la préférence à l'art. Leurs idées sont mieux enchaînées, leur argumentation plus forte, leurs conclusions mieux déduites, et si leur style change avec l'âge, contrairement au style des spontanés qui est toujours le même (1), leur langue qui étonne par sa richesse est travaillée, ciselée, polie comme un bijou.

Les spontanés se nomment Joachim du Bellay et Lamartine. Les laborieux, Ronsard et Victor Hugo. Ce n'est pas le caprice ou la fantaisie qui me fait rapprocher ici ces quatre grands noms. Ils s'appellent et se répondent, comme des échos, d'un siècle à l'autre. Lamartine continue Joachim — comme Victor Hugo continue Ronsard — et nous aide à le mieux comprendre. Ils ont tous deux la même spontanéité, la même façon de

(1) Il est remarquable, en effet, que le style de Joachim et de Lamartine, que je cite ici comme exemple est demeuré à peu de chose près dans tous leurs ouvrages ce qu'il était déjà dans l'*Olive* et les *Méditations ;* tandis que celui de Ronsard et de Victor Hugo a changé d'une œuvre à l'autre. Comparez pour vous en rendre compte les *Odes* de Ronsard, voire les *Amours* de Cassandre à ses dernières œuvres ; et les *Odes et Ballades* aux *Feuilles d'automne* et à la *Légende des siècles.*

voir, le même style *doux coulant*, facile et négligé, qu'ils s'expriment en vers ou en prose. Et c'est grâce à cette facilité et, si l'on veut, à cette négligence, que Joachim a pu écrire, dans le court espace de dix ans qui représente toute sa vie littéraire, les sept ou huit recueils de vers français et latins qui forment son bagage poétique.

Ronsard n'a donc pas mis la main, à proprement parler, au manifeste de la *Deffence*. Est-ce à dire qu'il n'y collabora d'aucune manière? soutenir cette thèse serait absurde, et, comme dit le proverbe, qui veut trop prouver ne prouve rien. Évidemment Ronsard aida Joachim de ses conseils et fit passer dans cet ouvrage des théories qui étaient plutôt les siennes que celles de son ami (1).

(1) Il est clair, en effet, que Joachim exprimait l'opinion de Ronsard plutôt que la sienne, quand il proscrivait de la manière que l'on sait la traduction des poètes anciens, puisque deux ans après la publication de la *Deffence* il traduisait plusieurs chants de l'*Enéide*. Il est clair aussi que, dans le chapitre qui a trait au rythme, en gardant le silence sur l'alexandrin, il marquait le mépris de Ronsard pour ce vers, puisque Ronsard trouvait qu'il sentait la prose et lui préférait le décasyllabe (Cf. la 2e préface de la *Franciade*), tandis que lui, Joachim, dès 1549, se servait de l'alexandrin pour écrire le *Poète courtisan*.

En ce qui concerne la théorie de l'imitation des anciens, les Italiens compris, Joachim n'aurait pas eu besoin d'entrer au collège Coqueret pour l'introduire dans la *Deffence;* elle était tout au long dans la préface de l'*Art poétique* d'Horace par Peletier et dans les *Œuvres poétiques* du même, et c'est évi-

Mais là dût se borner sa collaboration. La part qui lui revient de ce chef est donc assez mince. J'en dirai autant de celle de Dorat. Peut-être est-ce lui qui fournit à Joachim les citations, avouées ou non, de Quintilien, de Cicéron, d'Horace et des autres, qui illustrent le texte de la *Deffence* et constituent le plus clair de son appareil scientifique ; peut-être aussi le guida-t-il dans l'élaboration des chapitres qui ont trait à la langue, bien qu'ils soient assez pauvres, mais son action ne dut pas s'exercer beaucoup plus loin. Si Dorat et Ronsard y avaient collaboré directement, effectivement et la plume à la main, la *Deffence* serait mieux digérée et mieux conduite ; l'ordonnance en serait moins trouble, et les différentes parties mieux proportionnées. Encore se trompe-t-on, selon moi, quand on croit se trouver en présence d'un texte hâtif et bâclé. Pour avoir été écrit tout d'une traite, le manifeste de la Pléiade n'en fut pas moins l'objet d'une étude sérieuse et approfondie. Songez qu'il s'écoula de huit à dix mois entre la publication de l'*Art poétique* de Sibilet et la *Deffence* de Joachim ! Ce qui peut donner à ce dernier ouvrage l'apparence d'une chose hâtive, c'est que, comme je le dis plus haut, il produit l'effet d'un discours *improvisé ;* qu'il se ressent de la jeunesse de l'auteur dont c'était le

demment Peletier qui lui montra la route de l'Italie avec ses sonnets traduits de Pétrarque, comme c'est lui qui lui avait appris le sonnet et l'ode.

début et qui, ne l'oublions pas, avait alors vingt-cinq ans à peine ; que nous le jugeons sans nous en rendre compte avec tout notre acquis, et qu'on y relève d'un chapitre à l'autre des contradictions qui s'expliquent, une fois qu'on est averti, par la divergence des opinions littéraires qui se débattaient au collège Coqueret et par les hésitations qui en résultaient (1). Mais en dépit de ses manques et de ses imperfections, la *Deffence* n'en est pas moins une œuvre belle et forte et d'un grand souffle ; aussi a-t-elle résisté au temps et se lit-elle encore avec intérêt, voire avec fruit.

Quand elle fut sur le point de paraître, Joachim voulut qu'elle reçût tous les sacrements. A cet effet, il la dédia au cardinal, son cousin, tant pour lui marquer son admiration, que pour répandre sur son manifeste un peu de son prestige, et puis il demanda à Dorat de lui donner l'estampille du collège Coqueret — ce qu'il fit dans les quelques vers grecs qui lui servent d'épigramme. Cette estampille avait une grande importance au

(1) Pourquoi, par exemple, la rythmique de la *Deffence* est-elle muette sur l'*enjambement* qui a une si grande importance dans la versification et que Joachim a pratiqué si heureusement dès le premier jour ? Parce que Ronsard « était d'opinion, en sa jeunesse, que les vers qui enjambent l'un sur l'autre n'étaient pas bons en notre poésie ». Toutes fois, dit-il, j'ay cognu depuis le contraire par la lecture des autheurs grecs et romains, comme,

Lavinia venit
Littora............ »

(2e préface de *la Franciade*).

point de vue du succès du livre, car, tout en révélant dans son épigramme le nom et les origines de l'auteur, lequel s'était contenté d'y mettre ses initiales, Dorat laissait supposer que la *Deffence* exprimait la pensée du groupe dont il était le précepteur, et les manifestes de cette nature ont toujours eu plus de retentissement en France quand ils ont revêtu, ne fût-ce qu'en apparence, un caractère collectif. Croit-on, par exemple, que les *Provinciales* et la préface de *Cromwell*, malgré tout le génie de leurs auteurs, auraient obtenu tout de suite le même succès, si derrière le nom de Pascal et celui de Victor Hugo on n'avait pas aperçu ou cru apercevoir les solitaires de Port-Royal et la bande des Jeune-France de l'École romantique ? Eh bien, la *Deffence* de Joachim du Bellay alla pour la même raison tout de suite aux nues, je veux dire qu'aussitôt parue, tout le monde s'en occupa, les uns pour la louer, les autres pour la critiquer.

III

La critique ne manqua point à la *Deffence ;* il est vrai que Joachim l'avait provoquée comme à plaisir en donnant à son manifeste un petit air de pamphlet qui n'a jamais nui en France au succès des ouvrages de plume, car dans les disputes littéraires qui dépassent en général son entendement, la galerie ne s'intéresse guère qu'aux personnalités mises en cause, et Joachim avait dit son fait à tout le monde : j'entends, comme de juste, à tous ceux qui tenaient le haut du pavé en poésie. M. Émile Faguet trouve même qu'il se laissa emporter trop loin par une sorte de fougue scolaire qui n'était guère la sienne (1). Ce n'est pas mon avis. Comme presque tous les esprits primesautiers, Joachim était un fougueux, sans compter qu'il avait du sang militaire dans les veines. Il ne fit donc, selon moi, que céder à son naturel, quoiqu'il l'ait forcé quelque peu et à dessein, en attaquant comme on sait « les reblanchisseurs de murailles qui jour et nuit se rompent la teste à imiter » et en dénonçant les *épisseries* des mauvais rimeurs de l'école de Marot. C'est Thomas Sibilet qui paraît avoir riposté le premier. Il ne pouvait pas s'abstenir après avoir été directement, personnellement, pris à partie par Joachim qui, sans le nommer, s'était plu à copier quelques-unes de ses expressions et même à blâmer comme mal coupé le dernier vers du *Sonnet à l'Envieux* qui précédait son *Art poétique* (2).

Sibilet profita de la traduction de *L'Iphigénie* d'Euripide qu'il publia à la fin de l'année 1549 (3) pour répondre à l'auteur de la *Deffence*, et, afin

(1) Le *Seizième siècle*, p. 215.

(2) Voici ce vers :

« Sinon que tu en montres un plus seur ».

(3) *L'Iphigène d'Euripide poète tragiq., tourné de Grec en François* par l'auteur de l'*Art poëtique*.... Paris, Gilles Corrozet, 1549. Privilège du 13 novembre 1549.

de donner plus de piquant à sa riposte, il s'efforça de le faire sur le ton cavalier et frondeur qui était celui de Joachim. « Cette mienne mignardise, disait-il dans l'épître aux lecteurs, à l'aventure déplaira à la délicatesse de la délicatesse de quelques hardis repreneurs : mais si je say que la friandise vous en plaise, ce me sera plaisir de leur déplaire en vous plaisant. » Cela voulait dire en bon français qu'il n'avait cure du sentiment de du Bellay sur la *version*. Et puis, comme il n'y a point de bonne réplique sans une pointe personnelle, il se moquait de la prétention que Joachim avait affichée de n'écrire que pour « une affectée demye-douzaine des estimés princes de notre langue » et de gagner l'immortalité avec ses petits ouvrages.

En résumé la réponse de Sibilet n'était pas bien méchante. Tout autre fut celle de Guillaume des Autelz. Il appartenait à l'école poétique de Lyon et était cousin de Pontus de Tyard. En cette double qualité, l'admiration que Joachim avait exceptionnellement témoignée pour Maurice Scève, chef reconnu de l'école lyonnaise, aurait pu lui tenir la langue, mais, outre que des Autelz était, lui aussi, d'une nature belliqueuse, il avait été révolté du mépris que professait Joachim pour les anciens genres et quelque peu contrarié encore dans ses goûts pour les traductions. Et il avait saisi la première occasion pour s'expliquer là-dessus avec son éloquence et sa franchise accoutumées (1). Il faut dire aussi que l'article de l'imitation des anciens était tout à la fois le fort et le faible de la doctrine que soutenait la *Deffence* ; le fort, en ce sens que Joachim rompait délibérément avec une tradition qui, pour avoir eu le mérite et l'honneur d'initier plusieurs générations aux beautés des langues anciennes, ne pouvait en se continuant que nuire au développement naturel et original de la nôtre ; le faible, en ce sens que Joachim, faute de s'être expliqué clairement, avait l'air de ne pas savoir au juste ce qu'il voulait. Et de fait, en proscrivant la traduction des anciens, et en poussant tout à la fois à les imiter, il semblait se contredire, mais la contradition n'était qu'apparente, et quand on va au fond de sa théorie il est facile de voir qu'entre traduire et imiter il y avait dans son esprit une différence profonde. Comme l'a très bien définie M. Émile Faguet, l'imitation, telle que Joachim l'entendait, n'était que l'*innutrition*. Il voulait que l'écrivain se pénétrât par ses lectures des grandes pensées et des sentiments qui sont dans les auteurs, afin de « les laisser sortir de lui, sans y songer et sans le vouloir, tout imprégnés de lui-même et devenus siens par le long commerce » (2). Mais comme il le comprenait mieux qu'il ne l'exprimait, sa théorie, même après l'ap-

(1) *Réplique aux furieuses défenses de Louis Meigret*. Lyon, Jean de Tournes et Guill. Gazeau, 1550. — Des Autelz était alors en dispute avec Meigret à propos de l'orthographe.

(2) Le *Seizième siècle*, p. 214.

plication assez heureuse qu'il en avait faite dans l'*Olive* (1), ne contenta aucun de ses adversaires, et Barthélemy Anneau ne manqua pas de la critiquer à son tour dans le *Quintil Horatian*, resté célèbre à plus d'un titre.

Ce *Quintil Horatian*, publié à Lyon sous le

(1) D'aucuns diront peut-être, après avoir lu les très curieuses recherches de M. Vianey sur les *Sources italiennes de l'Olive* (Mâcon, Protat frères, 1901), que Joachim, contrairement à son assertion, traduisit plus qu'il n'imita *de mémoire*. Ce n'est pas mon avis, et d'ailleurs peu importe qu'il ait imité de mémoire ou le livre sous les yeux. Si quelques-uns des sonnets de l'*Olive* ont été traduits littéralement et vers par vers de l'Arioste, de Pétrarque ou de poètes italiens plus ou moins obscurs, la plupart des autres ne sont en somme que des adaptations où avec un goût exquis, au fur et à mesure qu'il en avait besoin, il s'est servi de mots, de figures et d'images qu'il avait butinés un peu partout. Ainsi fait l'abeille, ainsi ont fait nombre de poètes et d'écrivains de toute langue qui passent pour très originaux. N'est-ce pas Molière qui disait : Je prends mon bien où je le trouve ? Le difficile n'est pas de s'habiller avec les plumes des autres, mais de s'en faire un vêtement dont la coupe particulière, la couleur et la forme constituent une nouveauté. Eh bien ! Joachim fidèle en cela à ses principes, par un procédé qui n'avait encore jamais produit de pareils résultats, a doté la littérature française de poésies qu'on peut tenir pour originales, parce que, si le fond ne lui appartient pas en propre, la forme est bien à lui, et que, en poésie, la forme est la chose principale, essentielle. Même quand il s'est contenté de traduire, bien loin d'avoir *trahi* la pensée de son modèle, il l'a rendue avec tant d'art et de bonheur, que l'original ne vaut souvent pas l'adaptation ou la copie. En veut-on la preuve ? On n'a qu'à comparer le sonnet 113 de l'*Olive* au texte italien de Bernardino Daniello à qui Joachim l'a emprunté.

voile de l'anonyme, dans le courant de l'année 1550, on a cru jusqu'en ces derniers temps qu'il était de Charles Fontaine, poète lyonnais qui jouissait au seizième siècle d'une certaine réputation. Cette croyance paraissait d'autant plus fondée, que Joachim avait clairement désigné Fontaine dans la phrase de la *Deffence* où il s'écrie : « O combien je désire voir sécher ces *Printems*... tarir ces *Fontaines !* » et que le *Quintil* était suivi d'un quatrain de LA FONTAINE A I.D.B.A. (1). Cependant M. Henri Chamard a démontré il y a six ans (2) que le véritable auteur de ce pamphlet n'était autre que Barthélemy Aneau, lequel à cette époque dirigeait le collège de la Trinité de Lyon. Pour ma part, j'en étais convaincu depuis que M. de Nolhac (3) avait publié la lettre de Charles Fontaine à Jean de Morel où il se défend d'avoir écrit le *Quintil* et où il accuse formellement Aneau d'en être l'auteur responsable. De quelle date est cette lettre si importante ? M. Chamard croit qu'elle est du mois d'avril 1550. Je n'en suis pas aussi sûr que lui. En tout cas, il est assez curieux que

(1) Voici ce quatrain :

Jamais si tost ne t'aura
Claire eau de ma fontaine vive,
Que legier feu esteinct sera
De l'huyle obscur de ton olive

(2) *Rev. d'hist. litt. de la France,* 15 janvier 1898.

(3) *Lettres de Joachim du Bellay* publiées d'après les originaux. Charavay, 1883.

ni Morel, ni Joachim, ni Fontaine n'aient cherché à détruire la légende en rejetant publiquement la responsabilité de ce libelle sur la « beste masquée » (1) qui n'avait pas eu le courage de le signer (2). Car il n'y a pas à en douter une seule minute, si la chose avait été ébruitée comme elle aurait dû l'être, Claude de Buttet qui, en 1554, attaqua si violemment Aneau dans son *Apologie pour la Savoie* (3) publiée la même année

(1) En se servant de cette expression dans la seconde préface de l'*Olive*, Joachim semble avoir voulu désigner l'auteur du *Quintil*, mais savait-il au juste qui il était ? J'en doute encore.

(2) Après cela peut-être qu'Aneau en avait été empêché par ses fonctions de principal, puisqu'il ne les résigna qu'en 1551 ; mais ce n'était pas une raison pour laisser croire par le quatrain ci-dessus que le *Quintil* était de Ch. Fontaine, et je comprends que celui-ci, dès qu'il fut informé qu'on le lui attribuait, se soit empressé de protester auprès de Morel qu'il savait lié avec Joachim.

(3) *Apologie de Marc Claud. de Buttet pour la Savoie contre les Iniures et calumnies de Bartholomé Aneau.* A Lyon, chez Angelin Benoist M.V.LIII. — M. Henri Chamard n'ayant rien dit de cet ouvrage dont la teneur nous a été révélée par M. F. Mugnier dans son étude sur Claude de Buttet (*Mémoires et documents publiés par la Société Savoisienne d'histoire et d'archéologie*, t. XXXV), il est bon que je rappelle ici les circonstances dans lesquelles il fut écrit.

Au mois de février 1536 (1535, suivant le style français), François Ier avait envahi la Savoie et l'avait réduite en province française, au détriment de son oncle, le duc Charles III. Le conquérant y avait trouvé la justice administrée par des tribunaux de diverses sortes, au-dessus desquels le *Conseil résident* de Chambéry qui appliquait dans ce pays le droit écrit, les lois romaines et la procédure de *Statuta Sabaudiæ*

à Lyon, n'aurait pas manqué de lui lancer le *Quintil* à la tête, étant donné surtout qu'il le traite d'âne en jouant sur son nom, et que, de son côté, dans une phrase du *Quintil,* Aneau disait à Joachim : « Tu fais celui qui cherche son âne et est monté dessus. »

Ce Barthélemy Aneau, que Buttet appelle « Vulcan, boîteux fait en despit du ciel » n'était certes pas le premier venu. Né à Bourges où il avait étudié sous Melchior Wolmar, qui fut le maître de Th. de Bèze et de Calvin, il était venu à Lyon

d'Amédée VIII et de ses successeurs. En remplacement de ce *Conseil*, dont les membres s'étaient dispersés, le roi de France établit à Chambéry un Parlement et l'y maintint malgré les efforts des magistrats grenoblois pour englober la Savoie dans le ressort du Parlement de Dauphiné. Ce pays participa heureusement aux bienfaits de l'édit de Villers-Cotterets (février 1539) par lequel François Ier prescrivit notamment l'emploi de la langue française dans les actes reçus par les notaires, dans la procédure civile et criminelle et dans les décisions judiciaires. Et à la Restauration de 1559, après son mariage avec Madame Marguerite, le duc Emmanuel-Philibert s'empressa de promulguer un édit renouvelant cette prescription. Entre temps elle avait déchaîné au Parlement de Chambéry une guerre scandaleuse, et c'est pour y mettre fin que les membres de ce Parlement élaborèrent le réglement intitulé : *Stil: et reiglement sur le faict de la Justice*, qui fut imprimé à Lyon en 1554 avec une préface de Barthélemy Aneau. Mais Aneau ne fit que jeter de l'huile sur le feu en accusant les lois de la Savoie et leurs représentants d'avoir laissé les crimes impunis jusqu'à l'arrivée des magistrats français, et cela sous couleur de plaider la cause du *français* sur le dos du *latin*.

D'où l'intervention de Claude de Buttet dans ces singuliers débats et la publication de son *Apologie pour la Savoie*.

en 1529 et avait commencé par enseigner la rhétorique au collège de la Trinité de cette ville. Devenu principal en 1540, il remplit ces fonctions jusqu'à sa mort arrivée en 1561, après les avoir quittées volontairement pendant sept années consécutives, de 1551 à 1558. « Exclusivement dévoué au culte des lettres, dit M. F. Buisson, Aneau partageait ses loisirs entre la muse latine et la muse française. Il trouva un jour chez un de ses amis, l'imprimeur Mathias Bonhomme, une suite de gravures destinées à illustrer des *emblêmes* perdus. Il en devina le sens et en refit le texte en distiques latins parfois aussi crus que les images elles-mêmes : c'est la *Picta poesis*. Ses essais poétiques ont ce mérite et ce réel intérêt d'être un effort, en somme très intelligent, et à coup sûr très nouveau pour assouplir la langue populaire et faire passer dans l'usage commun la fleur de l'antiquité (1). »

M. Demogeot, qui a consacré au collège de la Trinité une notice si intéressante (2), ajoute : « A une connaissance profonde des lettres grecques et latines il joignait une éloquence facile, un abord gracieux. Il faisait des vers latins, durs d'abord, mais ingénieux, des vers français où l'esprit manquait moins que le naturel. — Arrivait-il à Lyon un accident, Aneau le racontait;

(1) *Sébastien Castellion*, t. I, p. 22-23.

(2) *Revue du Lyonnais, Lyon ancien et moderne*, 1838, t. I, p. 409.

un prince, Aneau le haranguait ; une sottise, Aneau s'en moquait ; une fête, il en réglait les préparatifs. » C'est ainsi qu'après avoir achevé l'impression du *Stile du Parlement de Savoie*, Pierre de Portonaris et Jean Pidic, imprimeurs lyonnais, le chargèrent d'en écrire la préface. Par malheur Aneau avait la main lourde ; le pion qu'il s'était montré dans le *Quintil* reparut dans cette préface d'une manière si injuste, si maladroite, que les magistrats du Parlement de Chambéry la firent supprimer de tous les exemplaires, et que Buttet en prit texte pour exécuter son auteur dans l'*Apologie pour la Savoie*, qui est encore plus un pamphlet qu'une apologie. Je dis bien pour l'exécuter, car le poète savoisien, comme s'il avait prévu la fin tragique d'Aneau, lui criait à la fin de son libelle : « Va doncques et cherche un autre chemin et n'espère plus aucun confort de ce magnanime Lyon ou tu te caches, car cognoissant quel homme tu es, et te reputant indigne de son ombre, luy-mesme à belles dents et pattes te demembrera. » On sait que Barthélemy Aneau, qui passait pour avoir fait du collège de la Trinité un foyer d'hérésie, fut massacré dans une émeute occasionnée par les ligueurs, le 5 juin 1561, jour de la Fête-Dieu.

VI

Analysons maintenant le *Quintil*. Cela nous permettra de souligner du même coup les défauts de la *Deffence*. Aneau, comme pour se faire la main et montrer le bout de l'oreille du régent qu'il était, commence par chicaner Joachim sur le titre de son livre qu'il trouve « de belle parade, magnifique promesse et grande attente » mais faux ; puis, à propos du mot *Deffence* qu'il lui reproche d'écrire par deux *f* et un *c*, il s'en prend à son orthographe qui est, en effet, singulièrement fantaisiste. Nous y reviendrons tout à l'heure avec l'auteur du *Quintil*. Les quatre lettres initiales dont Joachim a signé son livre et l'épître dédicatoire au Cardinal sont également l'objet des railleries d'Aneau. Pourquoi ces quatre lettres que « quelque lourdaud » peut traduire de façon irrévérencieuse, comme celui qui traduisait S.P.Q.R. par : *Stultus. Populus. Quœrit. Romam*, ou encore l'écriteau de Pilate sur la croix : I.N.R.I. par : *Je n'y retournerai jamais ?* L'épître au Cardinal lui fait l'effet « d'un nain qui pour atteindre hault monte sur ses eschaces ». On n'est pas plus gracieux. Et quant au mot PATRIE qui figure dans cette épître et que Joachim répètera plusieurs fois dans le cours de son opuscule, Aneau trouve que « ce nom obliquement entré en France avec les autres corruptions italiques » est inutile. « Qui a Pays n'a que faire de Patrie ». Ce n'est pourtant pas la même chose, et je m'étonne que le pion de la Trinité qui savait son Virgile n'ait pas compris le sens qu'y attachait Joachim. Mais il suffisait que le mot fût neuf — car si Joachim n'eut pas le mérite de l'inventer (1), il eut l'honneur de le mettre en usage — il suffisait, dis-je, que le mot fût neuf ou parût l'être pour être critiqué et rejeté par Aneau. Petites chicanes en somme et qui, dans le *Quintil*, ne sont que ce qu'on appelle les bagatelles de la porte. Glissons donc et suivons notre censeur dans l'examen du fond même de la *Deffence*.

Sur les divers chapitres dont se compose la première partie du livre, il est creux, insuffisant, quasi nul ; il n'émet aucune idée originale, il ne fait aucune critique sérieuse. Le chapitre de l'*Origine des langues*, qui donne tant à penser et sur lequel il y avait tant à dire, ne lui suggère qu'une réflexion juste ; encore porte-t-elle uniquement sur le plan général du livre : il trouve que Joachim est inconséquent, que les chapitres et propos ne dépendent point l'un de l'autre, mais qu'ils ont été mis « comme ils venoyent de la pensée en la plume, et de la plume au papier ». Et c'est tout. Qu'en conclure ? que sur la question il n'en savait pas plus que l'auteur de la *Deffence*, et c'est vraiment trop peu. Sur les articles qui suivent, il se borne à relever les expres-

(1) Le mot *Patrie* a été employé bien avant Joachim. Je l'ai trouvé plusieurs fois dans les lettres du Cardinal du Bellay à ses amis ou à ses proches, de 1525 à 1540. Rabelais s'en sert dans le *Prologue du Tiers Livre*, qui fut imprimé en 1546 — ce qui me laisserait supposer qu'il était déjà usité parmi les lettrés en Anjou et au Maine, au commencement du XVIe siècle, et que c'est là, plutôt que dans un livre antérieur au sien, que Joachim l'apprit.

sions qui lui paraissent impropres. Il a déjà relevé le mot *sourcil* employé « pour gravité ou arrogance (1), il relève à présent les expressions : *glaive couvert de sa gayne* « pour glaive enroillé, impoly et non forby... », *fameux poètes* dont l'épithète lui semble « déshonorable : car il se prend en mauvaise partie comme libelle fameux lieu fameux », *faix d'autres espaules* qui est à ses yeux une métaphore aussi lourde et grossière qu'un porte-faix.

Dans la seconde partie, qui traite de l'*Illustration de la langue française,* Aneau est plus heureux dans ses remontrances, tout en étant aussi vétillard. Il sent très bien ce qu'il y a de contradictoire à première vue dans la thèse de Joachim sur le moyen d'enrichir et illustrer la langue par l'imitation et non par la traduction des Grecs et des Romains. Il proteste contre « l'exhortation trop dédaigneuse » qu'il adresse aux poètes de laisser les vieilles poésies aux Jeux floraux de Toulouse et aux Puys de Rouen « lesquels ont tant fait pour l'entretien éternel de la Poésie française. » Il défend le rondeau, le virelai, la ballade et le chant royal que Joachim traite « d'épisseries », à cause de « la difficulté d'iceux Poëmes, qui ne sortent jamais de pauvre esprit » et sont de facture difficile. Pauvre raison,

(1) M. Person remarque que Voltaire a employé ce mot dans le même sens que Joachim : « Les sourcils de la fierté » (*Siècle de Louis XIV*).

d'ailleurs. Il met ces poèmes anciens au-dessus des nouveaux que du Bellay préconise. L'Ode ne lui dit rien qui vaille et lui fait l'effet de chanson — ce qui n'est pas trop mal vu ; quant au sonnet, son principal tort à ses yeux est d'être italien. Il fait un grief à Joachim, et cela est juste, de dédaigner l'épître comme incapable d'enrichir la langue, et d'enseigner au poète le mépris du vulgaire — ce qui n'est vrai qu'à moitié. Il n'admet pas que la satire soit autre chose qu'un coq-à-l'âne. A propos des églogues que Joachim conseille de chanter « d'une musette résonnante et d'une fluste bien joincte », il fait un procès à Ronsard qui, « très arrogamment, se glorifie avoir amené la Lyre Grecque et Latine en France, parce qu'il nous faict bien esbahyr de ces gros et estranges motz, strophe et antistrophe. Car jamais (par adventure) nous n'en oysmes parler. Jamais nous n'avons leu Pindar.... » (1) Il dit que l'hendécasyllabe n'a pas attendu d'être prôné dans la *Deffence* pour être employé sous le nom de décasyllabe (à l'instar des Italiens) dans les rondeaux, chapelets, épîtres, élégies, épigrammes et chants royaux. Sur la comédie et la tragédie en vers, il n'a que quatre lignes, encore est-ce pour nous apprendre qu'il connaît des tragédies assez bonnes et que, s'il ne

(1) Cela prouve que B. Aneau n'avait pas lu non plus les *Hymnes* pindariques de Luigi Alamanni qui ont servi de modèle à Ronsard pour ses *Odes*. (Cf. *Le Modèle de Ronsard dans l'Ode pindarique* par Joseph Vianey. Montpellier, 1901.)

connaît point de comédies, il ne confond point avec elles les farces et moralités. Il est d'avis lui aussi, d'user de mots purement français, mais il estime que Joachim a mal observé son commandement en disant *vigiles* pour *veilles ; songer* pour *penser ; dirige* pour *adresse ; pardonner* pour *espargner; aliene* pour *estranges ; molestie* pour *ennuy; sinueux* pour *courbe; donner la dernière main* pour *mettre fin* et *parachever*, etc... », qui sont, dit-il, des expressions de son crû, en quoi il ne savait pas si bien dire, la plupart étant, en effet, des idiotismes angevins. Il défend aussi la rime équivoque comme « la plus exquise sorte de ryme » qu'aient mise à la mode les Molinet, les Crétin et les Meschinot. Après avoir vengé les Traverseurs et les Bannys de liesse des sarcasmes de Joachim, il s'écrie qu'ils sont deux mille en France à avoir lu les Grecs, Latins, Italiens, Espagnols, Hébreux et Allemands. Et certes, il y a là de quoi nous faire rougir ! Trouverait-on mille personnes aujourd'hui connaissant toutes ces langues ? Enfin, après avoir reproché à Joachim de se contredire en faisant l'éloge de la traduction de l'*Électre*, par Baïf, il s'attaque à son orthographe, et j'ai bonne envie de lui donner raison, car l'auteur de la *Deffence* y a, par ma foi, trop « peu curieusement regardé. » Ronsard dit, dans l'avertissement de ses *Odes*, qu'il avait délibéré de suivre en l'orthographe de son livre la plus grande part des raisons de Louys Maigret. Je ne crois pas que Joachim ait jamais pris sur ce point un parti quelconque. En tout cas il s'en défend dans la seconde préface de l'*Olive*. S'il approuve et loue grandement ceux qui, comme Jacques Peletier et Louys Maigret ont entrepris de réformer l'orthographe, en « voyant que telle nouveauté déplaist autant aux doctes comme aux indoctes, il aime beaucoup mieux louer leur intention que de la suivre. » Et comme pour nous montrer combien la question lui était indifférente, il a poussé la négligence ou la paresse jusqu'à écrire dans la *Deffence* le même mot de trois manières ; à moins cependant que ce ne soient les imprimeurs qui lui aient joué ce mauvais tour, pour le punir de s'en rapporter à leur bonne foi du soin de corriger ses épreuves. Et voilà ce qui m'a décidé, dans la réimpression de cet ouvrage et de ceux qui le suivent, à ne pas adopter religieusement l'orthographe archi-fantaisiste des éditions originales des premières œuvres de Joachim. Peut-être même eussé-je été mieux avisé en la modernisant tout à fait. En agissant de la sorte, j'aurais certainement facilité à beaucoup la lecture de la prose et des vers de notre auteur, mais à la réflexion il m'a paru que j'enlèverais à sa phrase, avec la physionomie archaïque des mots dont il a usé, une partie de sa couleur et de son pittoresque, et j'ai suivi l'exemple de M. Becq de Fouquières, de préférence à celui de M. Marty-Laveaux. Ayant la bonne fortune de posséder la petite édition des œuvres complètes de Joachim, publiée à Rouen chez la veuve Thomas Mallard, en 1597, laquelle est une des plus estimées, j'ai cru bien faire en adoptant son orthographe, encore me suis-je permis de choisir, comme M. Becq de Fouquières, parmi les formes diverses d'un mot celle qui se rapprochait le plus de la prononciation et de l'orthographe actuelles.

V

Nous avons suivi pas à pas le censeur du *Quintil*. A présent que nous en avons fini avec sa leçon de grammaire, nous allons essayer de montrer dans la *Deffence* ce que, volontairement ou non, Aneau n'y a point vu.

Sibilet et lui terminent leur ouvrage critique en raillant Joachim de sa prétention à l'immortalité. J'accorde qu'il montait au Capitole un peu trop vite, mais comme la postérité a ratifié la haute opinion qu'il avait de son œuvre, nous aurions mauvaise grâce aujourd'hui à lui reprocher d'avoir pris au sérieux le *Cœlo Musa Beat* qui fut sa première devise. D'autant qu'elle s'applique merveilleusement au rôle de la poésie, tel qu'il le comprenait, à la noble mission qu'il assignait au poète, et que c'est précisément ce rôle, cette mission, qui constitue, à mon avis, la partie vraiment neuve et originale de la *Deffence et illustration de la langue françoyse*.

Après avoir servi d'amuseur au public et prostitué son talent dans des œuvres indignes de lui, le poète devait être le prêtre de l'Art et le défenseur de la Patrie. Sa mission était donc double,

C'est « pour le devoir en quoi il est obligé à la Patrie », que Joachim a écrit la *Deffence*. Rien qu'à l'entendre tenir ce fier langage, on sent qu'il est de race militaire, qu'il appartient à une famille de chevaliers qui, durant des siècles, de père en fils, ont versé leur sang sur tous les champs de bataille où se joua la fortune du Pays, et qui, suivant l'expression pittoresque du cardinal du Bellay, avaient une fleur de lis dans le cœur. Et tout à l'heure, en l'entendant dire au poète : « Si tu as quelquefois pitié de ton pauvre langage », je ne pourrai me défendre du souvenir de Jeanne d'Arc et de la grande pitié qu'elle voyait au royaume de France. Jeanne d'Arc voulait bouter dehors l'Anglais qui était l'ennemi. Joachim, à son tour, veut chasser de la Cour et du territoire national les mauvais poètes qui l'occupent et le déshonorent. Et c'est à cette fin qu'il désire que soient « fouettés à la cuisine ceux qui abusent de la faveur des princes et grands seigneurs par la lecture de leurs petits ouvrages », ou qu'on leur donne « de l'argent pour se taire. »

Après cela, je veux bien que Joachim exagère et que les écuries d'Augias n'étaient pas si sales qu'il le dit. Tout n'était pas à blâmer certainement dans l'école de Marot — puisque c'est après Marot qu'il en a — ; il y avait du bon dans les anciens genres et des choses qui valaient mieux qu'« épisseries » dans les rondeaux, virelais et ballades auxquels il déclare la guerre. Mais quand Victor Hugo traitait Racine de vieille perruque, il exagérait lui aussi. On ne fait de révolution salutaire qu'en faisant table rase, sauf à rendre justice plus tard aux dieux qu'on a vaincus, délogés, renversés. Et c'est un fait qu'en 1549, au moment où Joachim entra en lice, la poésie française, qui depuis la mort de Clément Marot était représentée surtout par Saint-Gelays, faisait triste figure à côté de la poésie italienne. Où était Arioste ? où était Pétrarque ? et Dante, le plus grand de tous, et Bembe qui n'était pas le moindre ? Je comprends donc que Joachim ait eu honte de notre infériorité, de notre insuffisance, et que, dans son ambition et sa colère, il ait tourné les yeux vers l'Italie !

L'Italie ! ah ! certes, il n'avait pas eu besoin d'être excité par Ronsard et Baïf pour marcher à sa conquête. Avant même que Jacques Peletier du Mans lui eût révélé l'œuvre triomphante de Pétrarque, il était plein d'admiration pour elle. Il l'admirait à travers les œuvres d'art que ses sculpteurs et ses architectes avaient semées un peu partout, jusqu'au seuil de son petit Liré ; il avait toujours devant les yeux le grand Christ à la tunique d'or et à la couronne de comte qui illuminait la chapelle de la Bourgonnière (1) de

(1) Le château de la Bourgonnière, dont la merveilleuse chapelle Renaissance est encore intacte, est situé à 3 kilomètres de Liré. J'en parle longuement dans la *Vie de Joachim.*

son éclatante beauté... Sans compter que son frère René lui avait parlé souvent, dans les longues veillées de la Turmelière, de la campagne de Naples où ses ancêtres avaient suivi le roi René d'Anjou, du royaume de Piémont dont son cousin Langey fut le conquérant et le vice-roi, de Rome, enfin, sur les ruines de laquelle son autre cousin, le Cardinal, étalait l'orgueil de sa robe de pourpre !...

Mais pour le moment, l'Italie, aux yeux de Joachim, c'était le pays de Dante, de Pétrarque et d'Arioste et aussi celui de Virgile, d'Horace et d'Ovide. Car les Italiens, en prenant la place des Romains, les avaient continués dans les arts et les lettres, sinon dans les armes, et les papes qui étaient assis sur le trône des Césars avaient vu éclore et fleurir autour d'eux, surtout en Toscane, dans la longue nuit du Moyen-age, un idiome nouveau qui ne ressemblait pas plus au latin du siècle d'Auguste que le français de la *Chanson de Roland*. Et certes, la langue de la *Divine Comédie*, du *Roland Furieux* et du *Canzonière* valait bien celle des *Odes* d'Horace, des *Métamorphoses* et de l'*Énéide*.

Pourquoi donc notre pauvre langue vulgaire qui avait donné de si belles promesses dans le *Roman de la Rose*, au lieu de s'épanouir dans des œuvres maîtresses comme l'italien, n'avait-elle produit depuis lors que des fleurs pâles, maladives, dégénérées ? Parce que nos savants la dédaignaient et continuaient de penser et d'écrire en latin, et que nos rimeurs, au lieu de prendre la jeune poésie par la main et de la conduire sur les hauteurs où l'air et l'esprit sont plus purs, l'avaient promenée dans les bouges comme maître François Villon, ou sur les coteaux de Meudon comme maître Clément Marot et ceux de son école.

Mais ce n'était pas une raison pour désespérer de notre langue vulgaire. Elle était, tout comme une autre, capable de porter les plus hautes pensées, de s'élever vers les régions sereines. La preuve en était qu'Héroët et Maurice Scève venaient de chanter leurs amours sur le mode platonique. On n'avait d'ailleurs qu'à regarder du côté de l'Italie et qu'à suivre l'exemple de nos ancêtres les Gaulois, qui s'étaient enrichis des dépouilles de Rome.

Et voilà pourquoi Joachim pressait les poètes de renoncer aux rondeaux, virelais, chants royaux et ballades, qui suffisaient aux Jeux Floraux de Toulouse et aux Puys de Rouen, et de cultiver à la place le sonnet, l'ode, l'épopée, l'églogue, la comédie et la tragédie, à l'exemple de l'Italie, des Latins et des Grecs. Seuls, le sonnet pouvait nous donner un jour ou l'autre un Pétrarque, l'ode, un Horace, l'épopée et l'églogue un Arioste et un Virgile, la comédie un Aristophane et la tragédie un Sophocle et un Euripide. Qu'importait d'ailleurs, s'écriait Joachim, qui semblait prévoir l'infériorité de Ronsard dans *le long Poème*, qu'importait que le poète épique, au lieu d'arriver au premier rang, n'atteignît que le second, voire le troisième ! Sa tentative n'en serait pas moins glorieuse. Mais il fallait à tout prix abandonner la traduction qui, pour nous avoir rendu l'*Electre* de Sophocle, l'*Iliade* d'Homère, l'*Art poétique* d'Horace et quelques fragments du *Canzonière* de Pétrarque, n'affranchirait jamais la langue et la laisserait serve de l'étranger. Et Joachim conseillait l'imitation, l'adaptation, l'*innutrition*, c'est-à-dire l'art de s'approprier, de s'assimiler les mots, les figures et jusqu'à la pensée d'autrui, tel que l'avaient pratiqué les Latins à l'égard des Grecs, les Italiens à l'égard des Latins, — tel aussi, qu'après la Pléiade et à son exemple, devaient le pratiquer nos écrivains cosmopolites. C'était le seul moyen de faire de notre pauvre langue vulgaire une langue noble et riche, et du triste « reblanchisseur de murailles « qu'était le rimeur ordinaire, un poète « qui me fera indigner, apayser, éjouir, douloir, aimer, haïr, admirer, étonner, bref, qui tiendra la bride de mes affeetions, me tournant çà et lâ à son plaisir ».

La poésie désormais sera donc une œuvre d'art.

« Qui veut voler par les mains et bouches des hommes doit longuement demeurer en sa chambre, et qui désire vivre en la mémoire de la Postérité doit comme mort en soy-même suer et trembler maintefois. » Ce principe posé, ne nous étonnons pas si Joachim nous enseigne le mépris du vulgaire, s'il veut gue la poésie soit autre chose, que de la prose rimée. Du moment que le naturel n'est plus suffisant en poésie, il va de soi que le poète digne de ce nom ne doit plus songer qu'à écrire pour une élite. Le peuple d'ici longtemps ne comprendra rien aux questions d'art et d'esthétique. Ce n'est pas pour lui évidemment que Virgile écrivit l'*Enéide* ni Ovide les *Métamorphoses*. Aristophane faisait les délices du peuple grec. Labiche et Béranger feront toujours les délices du nôtre, car le peuple n'aime que ce qui l'amuse, et le grand art est ennemi des contorsions, du gros rire et des grimaces. Mais Joachim n'en fait pas moins la part du peuple. Il veut que le poète s'en inspire, qu'il lui emprunte une partie de son vocabulaire, les mots usuels et les termes des métiers, et luimême, comme pour donner l'exemple, sème le texte de la *Deffence* d'expressions communes, de comparaisons et d'idiotismes angevins (1). Il veut

(1) J'en ai cité plus haut quelques-uns. En voici d'autres : *Et premier* pour « premièremennt » ; *premier que* pour « avant que » ; *copie* pour « abondance » ; *tirer* pour « peindre » ; on dit encore couramment en Anjou : se faire tirer pour « se faire photographier » ; *des pieds et des mains* pour « de toute façon » ; *trop plus* pour « beaucoup plus » ; *mauque* pour « défectueuse » ; *encore* pour « à cette heure »; *non tant pour* — *comme pour* au lieu de « que pour ». *Comme*, en Anjou est encore employé pour « que » dans les formes comparatives : je ne suis pas si riche *comme vous*. — Dans le chap. III de la *Deffence*, Joachim, comparant la langue française à une plante qui n'a point encore fleuri, se sert

encore que le poète épique s'attache à mettre en œuvre les vieilles légendes et les anciennes chroniques. Quoi de plus ? Mais s'il n'écrit que pour une élite, s'il se contente d'être lu par les esprits cultivés et d'être apprécié par ses pairs, le poète ne sera-t-il pas obligé de se faire courtisan ? A Dieu ne plaise ! et pour lui en ôter l'envie, Joachim prend le fouet de la satire et tape à coups redoublés sur le dos de Saint-Gelays. Il ajoute pour son édification qu'il ne doit « espérer le fruit de son labeur que de l'incorruptible et non envieuse postérité. » Cependant il est indispensable qu'il entre à la Cour. D'abord il a besoin des encouragements de Mécène et d'Auguste pour entreprendre de grandes choses ; ensuite la Cour est la « seule école où l'on apprend à bien et proprement parler ; enfin « l'honneur nourrit les arts et l'on ne voit jamais s'élever ce qui est « déprisé de tous ». Mais la Cour n'est pas seulement l'école du beau langage, c'est là aussi que se préparent les destinées de la Patrie, et le poète ne pourrait pas célébrer dignement les gestes des rois de France, s'il n'était admis à leur table et traité comme un héros dont la gloire fait un « compagnon des dieux ».

Et voilà ce qu'était la *Deffence* et comment Joachim entendait l'*Illustration de la langue françaíse.* Il faut bien d'ailleurs que les « cygnes

de mots empruntés à l'horticulture qui au seizième siècle, grâce à René du Bellay, évêque du Mans, était plus florissante en Anjou que partout ailleurs.

réveillés de leur silence » l'aient comprise de la sorte, puisgue, en dépit du « croassement des corbeaux », ils dotèrent la langue maternelle d'une poésie prestigieuse sans laquelle Malherbe ne serait peut-être jamais venu, ni les poètes du grand sièele, ni ceux du nôtre.

VI

Si je ne craignais d'allonger démesurément ce Commentaire, j'essaierais de montrer dans un dernier paragraphe tout ce que les poètes du dix-septième sièele doivent à la *Déffence* et à la Pléiade, et il me serait facile de prouver que, si l'*Art poétique* de Boileau fit oublier ceux de Joachim, de Peletier et de Ronsard, Malherbe, avec ses grands airs de mépris, les avait beaucoup lus, beaucoup médités, et qu'il emprunta quelque peu à ses illustres devanciers. C'est un fait certain, d'ailleurs, que Joaehim ni Ronsard ne disparurent jamais des recueils collectifs de poésies qui furent publiés en France de 1597 à 1700, c'est-à-dire de la mort de Ronsard à celle de Racine (1).

On a dit que l'histoire était un recommencement perpéıuel. L'histoire littéraire, tout en se continuant, est faite de réactions plus ou moins lointaines et le plus souvent inattendues. Rien

(1) Cf. la *Bibliographie des Recueils collectifs de poésies publiés de 1597 à 1700*, par Frédéric Lachèvre, 2 vol. in-4, chez Henri Leclerc, 1901-1903.

ne se perd en littérature. La pensée de ceux qui y ont marqué, ne fût-ce qu'une heure, se retrouve toujours avec le temps, sous une forme ou sous une autre, pareille à ces cours d'eau qui disparaissent tout à coup dans un trou ou sous les sables et qu'on est tout étonné de voir jaillir quelques lieues plus loin, aussi clairs, aussi lumineux qu'avant leur perte ou leur chute.

Je lisais dernièrement dans un livre très curieux sur Chateaubriand et quelques écrivains de son groupe (1) des remarques aussi justes que profondes sur le style de Joubert qui fut, comme chacun sait, le Boileau de notre littérature, mais un Boileau caché dans les coulisses du théâtre, de 1800 à 1820, autrement dit d'*Atala* aux *Médiations*.

L'abbé Pailhès établit de la façon la plus ingénieuse que Joubert ne pouvait ignorer la *Déffence*, et que ce penseur, qui préférait à la ligne droite des modernes argumentateurs ce qu'il appelait des *circuits platoniciens*, avait prêté une attention particulière au conseil que nous donne Joachim dans son chapitre sur le Rythme :

« Qui ne voudroit régler sa rythme comme j'ai dit, il vaudroit beaucoup mieux ne rymer point ; mais faire des vers libres, comme a fait Pétrarque en quelque endroit, et, de nostre temps, le seigneur Loys Aleman, en sa non moins docte

(1) Cf. *Du nouveau sur J. Joubert, Chateaubriand, Fontanes et sa fille...*, par G. Pailhès, 1 vol. in-18, chez Garnier, 1900.

que plaisante Agriculture. Mais tout ainsi que les peintres et statuaires mettent plus grand'industrie à faire beaux et bien proportionnés les corps qui sont nuds, que les autres : aussi faudroit-il bien que ces vers non rymés, fussent bien charnus et nerveux : afin de compenser par ce moyen le défault de la Rythme. »

Ainsi parlait Joachim. Joubert, qui avait l'ambition « de mettre tout un livre dans une page, toute une page dans une phrase, et cette phrase dans un mot », avait essayé de justifier la théorie de la *Deffence* (1). Il avait fait dans sa jeunesse des vers mêlés et sans rime, où l'élision n'était pas observée mais qui n'en était pas moins très harmonieux, car il avait au plus haut degré le sentiment du rythme et du nombre. C'est lui qui disait : « Tout son dans la musique doit avoir un écho,... et nous qui chantons avec des pensées et qui peignons avec des paroles, nous devrions, nous aussi, dans nos écrits, donner à chaque mot, à chaque parole un horizon et un écho. « Mais cet écho n'avait pas dans son esprit l'équivalence de la rime. La rime lui faisait l'effet d'un « raffinement étrange et bizarre, qui avait fait dévier notre poésie au XIe siècle. » Il n'avait pris du vers que la mesure et le chant, encore avait-il choisi de préférence le vers octosyllabe

(1) On sait que Joachim n'a fait qu'un sonnet en vers libres, et il n'est pas bon. Sur cet article encore il exprimait bien moins son opinion que celle de Ronsard qui, dès 1544, avait composé une ode sans rime.

parce que, tout en flattant l'oreille, il convient par sa vivacité et sa rapidité, soit à la « concision ornée » du maximiste, soit à la grâce légère de l'épistolier, et qu' « il est dérivé du plus ancien vers et du plus usuel de notre liturgie », « du vers le plus profondément populaire », l'iambique dimètre.

Plus tard, Joubert appliqua sa rythmique à sa *Correspondance* et à ses *Pensées*, et rien n'est plus intéressant que la décomposition en octosyllabes que l'abbé Pailhès a faite de quelques-unes de ses lettres. Etant donnée l'influence considérable que Joubert exerça sur l'esprit de Chateaubriand, on est en droit de se demander, après cette expérience, si René ne lui devait rien de l'harmonie savante de ses phrases rythmiques.

Quelques années après, à la fin du premier Empire, un poète angevin de grand talent qui fut avec Millevoye le précurseur de Lamartine, Charles Loyson, reprenait, comme élève de l'École normale supérieure, la thèse de J. du Bellay sur la traduction des poètes anciens et se montrait moins révolutionnaire que lui, en soutenant que les uns pouvaient être traduits en vers et les autres en prose (1).

(1) « Voici ce qu'il écrivait à ce sujet, en 1812, à M. Papin, régent de rhétorique au collège de Saumur, qui devait, quelques années plus tard, refuser la chaire de philosophie à l'École normale supérieure :

« ... Je vous ai promis de vous envoyer la suite des propositions que je veux développer et soutenir dans ma thèse

Vint la Restauration, suivie du grand renouveau de 1820. Victor Hugo et ses camarades du

(de doctorat). Mon plan n'est point encore arrêté. Je vais cependant vous exposer ce qu'une première vue de mon sujet représente. Pourquoi s'est-on si peu entendu quand il s'est agi de décider si les poètes doivent être traduits en vers ? 1° Parce que, ne convenant pas de la tâche que devait se proposer le traducteur, du but vers lequel il devait tendre, on ne s'est point accordé sur le sens du mot traduction ; 2° parce que la question était posée d'une manière trop générale. Faut-il traduire les poètes en vers ? Mais les raisons que l'on donnera pour traduire les poètes épiques et tragiques de cette façon, restera-t-il prouvé que l'on doive traduire de la même manière les poètes comiques ? etc., etc. Voilà deux écueils qu'il faut que j'évite. Commençons donc par bien fixer nos idées sur le sens du mot traduction.

« Si les langues n'avaient point chacune leur génie et qu'on trouvât dans chacune des mots correspondants à tous les mots d'une autre, on traduirait en substituant le mot correspondant à son correspondant. Un dictionnaire français-latin renfermerait des traductions parfaites de tous les chefs-d'œuvre de la langue de Virgile et d'Horace. Il faudrait exiger du traducteur une exactitude rigoureuse, et elle serait facile à obtenir, mais il n'en est pas ainsi. Chaque langue a son génie ; une traduction parfaitement exacte n'est donc pas possible. Il faut se résoudre à sacrifier beaucoup pour conserver le reste. Voyons ce qu'il est le plus important de rendre et si c'est en vers ou en prose que l'on parviendra à le rendre. Qu'est-ce qu'il y a de plus important à rendre dans un poète ? Ne sont-ce pas les images, les tours vifs et poétiques, l'harmonie et surtout l'harmonie imitatiive, et n'est-ce pas seulement en vers qu'on parviendra à rendre tout cela ? Cependant gardons-nous de trop généralicer nos décisions. Entrons dans l'examen de chaque genre et presque de chaque poète. L'ode, l'épopée veulent des vers ; les épîtres d'Horace des vers. Les ouvrages dramatiques souffrent la prose. Les comédies surtout. Nous

Cénacle firent mieux que de s'inspirer de la *Deffence,* ils la reprirent pour leur compte, ils restaurèrent les anciens genres dont la Pléiade avait

avons dit que les poètes épiques veulent être traduits en vers. Malgré le paradoxe apparent, nous ne craindrons point d'excepter de cette règle le premier des poètes épiques, Homère. En voici la raison, que j'aurais dû placer plus haut et qui sera peut-être le principe de ma thèse : la poésie est faite pour plaire : elle plaît par ce qu'on appelle le *beau.* Or, il y a deux sortes de *beau :* l'un qui se trouvant dans l'expression de certain grand poète de la nature et du cœur humain que rien n'efface ni n'altère, est le beau universel, le beau de tous les siècles et de tous les pays. Dans quelque poésie que ce soit, on est toujours sûr de plaire aux hommes en le reproduisant. L'autre beau est le beau de tel siècle, de tel pays ; il dépend des mœurs, des degrés de civilisation et il ne peut se transporter d'une langue dans une autre. Or, qu'on lise Homère, on y retrouve partout cette espèce de beau. Homère est donc intraduisible en vers. Eh bien, j'ajouterai, si vous voulez, la prose *française.* Et je crois que pour le rendre il faut une traduction presque interlinéaire, une traduction qui serait un monstre considérée comme un ouvrage original, semblable enfin à ces traductions latines si barbares, qu'on lit avec plus de plaisir que la prose travaillée et brillantée de M. Lebrun, parce qu'elles nous donnent au moins une idée d'Homère et des mœurs de son temps. Tout cela sent un peu le paradoxe. J'en ajouterai un autre. Je soutiendrai qu'Homère est le plus grand qui ait existé, et cependant celui qui a mis le moins de style dans ses ouvrages. M'avez-vous compris ? Je crains bien que non. Je me comprends à peine encore moi-même. Je n'ai pas encore, comme vous le voyez, mis de liaison entre mes idées... »

(Cf. *Un Normalien sous la Restauration. — Charles Loyson,* par Léon Séché. *Revue des Deux Mondes* du 15 septembre 1899).

enrichi la poésie, en adoptant pour devise les vers célèbres de Joachim :

Renouvelons aussi
Toute vieille pensée.

Pendant que Victor Hugo cultivait l'ode, l'élégie, la ballade, Sainte-Beuve ressuscitait le sonnet, et Vigny chantait l'amour mystique et platonique à l'exemple, sinon sur le mode, de Maurice Scève et de Joachim, car *Eloa* est la fille spirituelle de *Délie* et de l'*Olive*, et nous savons par Auguste Barbier (1) que Vigny apprit à lire et à penser dans les œuvres poétiques de Joachim. Je crois même que c'est là plutôt que dans Pline qu'il puisa le sentiment qu'il a exprimé si souvent, et si puissamment rendu, dans *Stello* et dans sa correspondance, à savoir que la Nature est mauvaise à l'homme et le traite en marâtre....

Les derniers Romantiques avaient quelque peu lâché la forme. Les Parnassiens, sous la férule de Leconte de Lisle, en firent l'objet principal de leur étude. La rime, qui chez Musset était plutôt pauvre, mais « non contrainte, reçue et non appelée, naturelle, non adoptive », ainsi que l'enseignait Joachim, devint tout à coup d'une richesse excessive. Théodore de Banville en fit même un pur exercice d'acrobate, à telle enseigne que Lamartine, irrité, appela un jour les Parnassiens les funambules de la poésie. Joachim du Bellay avait dénoncé la rime équivoquée ou

(1) *Souvenirs personnels*, p. 359. Dentu, 1883.

empennière des rhétoriqueurs, Banville la ressuscita. Il avait mis les poètes en garde contre l'emploi des noms propres latins ou grecs non francisés ; les Classiques et les Romantiques suivirent son conseil en disant Homère pour *Homeros*, Thésée pour *Theseus*, Virgile pour *Virgilius*, Cicéron pour *Cicero*, etc. Mais les Parnassiens rompirent encore sur ce point avec la tradition, et dans ses traductions d'Homère et dans les *Erynnies*, Leconte de Lisle écrivit *Zeus* pour Jupiter, *Klytemnestra* pour Clytemnestre !....

Puis vint la réaction symboliste. Verlaine, qui avait appartenu au Parnasse, s'en échappa, comme Musset s'était échappé de la « boutique romantique » pour désarticuler le vers que ses camarades et surtout son maître avaient fait trop solennel, trop marmoréen, trop monocorde... Le vers entre ses mains redevint ce qu'il était au début de la Pléiade, souple comme une anguille, léger comme un oiseau, frais comme une chanson d'enfant. Verlaine fit école à son tour, mais, comme cela ne manque jamais d'arriver, ses disciples exagérèrent. Du vers brisé mais toujours rythmique qui fut le sien, ils firent un vers libre — oh ! combien ! — qui malgré tout ressemble à de la prose. On sait à quelles conditions la *Deffence* avait soumis le vers libre. Gardez-vous, disait Joachim, de vous « amuser à la beauté des mots qui perd la force des choses ! » et que vos vers libres soient bien charnus ! Pour n'avoir tenu aucun compte de ces préceptes et s'être bornés à vouloir bercer l'oreille avec des mots choisis souvent impropres, des figures mal adaptées, des phrases plus ou moins lâches, les symbolistes échouèrent piteusement. Et voilà que les initiateurs de cette réforme avortée reviennent peu à peu au vers rimé des premiers jours de la Renaissance. Je veux dire qu'ils emploient bravement l'hiatus et qu'ils « n'entremêlent plus superstitieusement les vers masculins avec les féminins ».

Que sortira-t-il de toutes ces incohérences ? Quel sera le vers du vingtième siècle ? Je n'hésite pas à dire qu'il sera à peu de chose près celui du seizième qui, en somme, suffit à tout. On aura beau faire, d'ailleurs, l'art poétique ne serait plus un art le jour où la fantaisie se substituerait à la règle, et le vers français plus qu'aucnn autre devra toujours obéir aux lois souveraines du rythme et de la rime, — sous peine de cesser d'être un chant !

(Pont-Rousseau, Juin 1901).

BIBLIOGRAPHIE

1° Nous avons dit que la *Deffence* parut au printemps de 1549. Le privilège accordé au libraire Arnoul l'Angelier pour l'impression de cet ouvrage est du 20 mars 1548 (v. s.) et l'épître dédicatoire au cardinal Du Bellay, du 15 février 1549. On ne retrouve au verso de la *Deffence* qu'un extrait du privilège, commun à ce traité et aux *50 Sonnetz à la louange de l'Olive*, mais il est imprimé tout au long à la fin du second ouvrage. Le nom de l'auteur n'y est point mentionné. « Il est accordé à Arnoul l'Angelier, marchand libraire et bourgeois de Paris », et « donné à Paris le vingtième jour de mars, l'an de grâce mil cinq cent quarante et huict ». Le volume, de format in-8, comprend 48 feuillets non chiffrés et 1 feuillet blanc.

Comme le dit M. Marty-Laveaux, c'est l'édition la plus correcte, et les suivantes ne portent la trace d'aucun travail de revision accompli par Du Bellay.

2° En 1550, une seconde édition de la *Deffence* parut chez le même éditeur, en même temps que la seconde de l'*Olive*, et dans le même volume. Et à partir de ce moment les deux ouvrages parurent le plus souvent ensemble.

3° En 1557, l'Angelier en donna une nouvelle édition sous le titre : *Deffence et Illustration de la Langue Françoise*, par I. D. B. A.

4° En 1561, une nouvelle édition de la *Deffence* fut publiée chez Féderic Morel, dans le format petit in-4, édition qui plus tard, en 1569, entra dans le recueil des œuvres complètes de l'auteur, réunies par les soins de ses amis et en particulier de Féd. Morel et de Guillaume Aubert.

5° En 1575, nouvelle édition publiée dans les *Œuvres francoises de Joachim Du Bellay*, Gentilhomme Angevin et poëte excellent de ce temps, etc. *A Lyon*, par Antoine de Harsy, 1575, petit in-8 (de VIII-559 ff., caractères italiques).

6° En 1580, parut une réimpression spéciale de la *Défense* sous le titre suivant :

Apologie pour la Langue Françoise, en laquelle est amplement déduite son origine et excellence; le moyen de l'enrichir et augmenter selon les anciens Grecs et Romains; l'observation de quelques manières de parler francoises; une exhortation aux François d'escrire en leur langue, etc., par I. D. B. A. *Paris*, Lucas Breyer, 1580, in-8.

7° En 1584, nouvelle réimpression des *Œuvres* (complètes) de Du Bellay, à Paris, chez Fed. Morel (*ou* G. Honze, *ou* A. l'Angelier), petit in-12 de 583 ff. sans les préliminaires.

8° En 1592, nouvelle édition sous le titre : *Œuvres poëtiques de Joachim du Bellay*, Gentilhomme Angevin, etc. *A Rouen, par George l'Oyselet*, 1592, petit in-12 de XII-584 ff. (caractères italiques).

9° En 1597, nouvelle édition publiée également à Rouen, dans les *Œuvres françoises de Joachim Du Bellay*,

Gentilhomme Angevin, revues et de nouveau augmentées de plusieurs poésies non encore auparavant imprimées. *Rouen*, Raphael du Petit-Val, 1597, 1 tome en 2 vol. in-12, de 528 ff. sans les préliminaires.

10° La même année, *Les Œuvres françoises de Joachim du Bellay*, gentil-homme angevin, et poëte excellent de ce temps. *Revues et de nouvèau augmentées de plusieurs poésies non encore auparavant imprimées.* AU ROY TRESCHRESTIEN HENRI III. A Rouen, chez la veuve Mallard, devant le Palais, à l'Homme Armé. MD.XCVII. 1 vol. in-12 de 528 ff. sans les préliminaires.

11° En 1839 — pour la première fois depuis la fin du XVIe siècle — M. Paul Ackermann publia, d'après l'édition originale conservée à la Bibliothèque de l'Arsenal :

La *Deffence et Illustration de la Langue Francoyse*, par Joachim Du Bellay (précédée d'un Discours sur le bon usage de la Langue française par Paul Ackermann). Paris, Crozet, 1839, in-8 de XVI-139 ff.

12° En 1841, réimpression de la *Défense* dans les *Œuvres choisies de Joachim du Bellay*, avec une notice biographique et littéraire par Sainte-Beuve. *Angers, V. Pavie*, 1841, in-8.

13° En 1866, en tête de la collection des œuvres de la *Pléiade française*, Ch. Marty-Laveaux publia, d'après l'édition de 1569, les *Œuvres francoises de Ioachim Du Bellay*, Gentilhomme Angevin, avec une notice biographique et des notes. Paris, A. Lemerre, 1867-68, 2 vol. in-8.

14° En 1875, réimpression spéciale de la *Défense*, d'après l'édition de Lyon (Ant. de Harsy, 1575), publiée à Bruxelles sous le titre :

(*Joachim du Bellay*). *La Defense et Illustration de la Langue françoise.* Introduction et commentaire par J. Tell. *Bruxelles, imprimerie F. Callewaert* père, 1875, in-16 de XXXVIII-89 ff.

15° En 1876, Becq de Fouguières réimprima la *Défense* en tête des *Œuvres choisies de Joachim du Bellay.* Paris, Charpentier, 1876, in-18.

16° En 1878, la *Deffence et Illustration de la Langue Françoyse* par Joachim du Bellay, reproduite conformément au texte de l'édition originale avec une introduction, des notes philologiques et littéraires et un glossaire, suivie du *Quintil Horatian* (de Charles Fontaine) par Emile Person, docteur ès-lettres, agrégé des classes supérieures, professeur au Lycée Condorcet. Paris, librairie Léopold Cerf, 1 vol. in-8.

17° En 1894, dans la grande édition, dite du Monument, publiée par la *Revue illustrée des Provinces de l'Ouest*, Léon Séché réimprima la *Défense* avec les *Œuvres choisies de Joachim du Bellay*. Etude biographique par Camille Ballu. Paris, 1894, 1 vol. in-4.

18° En 1903, Léon Séché a publié le t. 1er des *Œuvres complètes de J. du Bellay*, contenant la *Défense*, l'*Olive et quelques autres œuvres poétiques*, avec un commentaire historique et critique, Revue de la Renaissance.

CRITIQUE

Les études critiques sur la *Deffence* se sont multipliées de nos jours. Nous citerons ici parmi les principales :

1° Celle de Sainte-Beuve dans son *Tableau de la poésie française au XVIe siècle,* dont la première édition parut en 1830.

2° L'*étude sur Joachim du Bellay,* publiée par Ed. Turquety dans le *Bulletin du Bibliophile et du Bibliothécaire,* n° de novembre 1864.

3° L'*Etude sur Joachim du Bellay et son rôle dans la réforme de Ronsard* (en français), par G. Plötz, d^r en philosophie. Berlin, F.-A. Herbig, 1874, in-8, 68 p.

4° Les chapitres sur Ronsard et Joachim du Bellay dans le *Seizième Siècle,* par Emile Faguet. Paris, 1893, librairie Lecène et Oudin, 1 vol. in-18.

5° Le *Seizième Siècle*, par Petit de Julleville (*Histoire de la langue et de la littérature française*), librairie Armand Colin.

6° Le chapitre sur la *Deffence* dans le livre de M. Henri Chamard sur *Joachim du Bellay.* Lille, Le

Bigot frères, imprimeurs-éditeurs, 25, rue Nicolas-Leblanc, 1900.

7° Le chapitre sur la Pléiade dans l'*Histoire de la Littérature Française*, par Gustave Lanson.

8° Enfin l'étude de M. Ferdinand Brunetière sur la *Deffence*, parue dans la *Revue des Deux-Mondes* du 1er janvier 1901.

Imp. A. Lemercier, 6, Rue du Pilori, Niort.

CHEZ LES MÊMES ÉDITEURS

EDMOND PILON

Portraits français
(XVIIIe et XIXe siècles)

M. POIVRE. — PARADIS DE MONCRIF
Mme GEOFFRIN — CHODERLOS DE LACLOS. — M. SAUCE
FABRE D'ÉGLANTINE. — LE CHEVALIER DE SAINT-JUST
MAURICE ET EUGÉNIE DE GUÉRIN, ETC.

PRÉFACE DE PAUL ET VICTOR MARGUERITE

1 vol. in-18 jésus. . . . . 3 fr. 50

PHILÉAS LEBESGUE

L'Au-Delà des Grammaires

LES SONS. LES MOTS. LES IDÉES. LE SEXE DES MOTS
LE STYLE. — LA TYRANNIE DES MOTS. — LA CULTURE DES IDÉES
L'AME DES SONS VIVANTS. — LES LOIS DE LA PAROLE
LES LOIS ORGANIQUES DES VERS. — L'AVENIR DU FRANÇAIS
LA MORT DES PATOIS. — LA RÉFORME DE L'ORTHOGRAPHE
LE PROBLÈME DE LA LANGUE UNIVERSELLE

1 vol. in-18 jésus. . . . . 3 fr. 50

Envoi franco contre mandat-poste adressé à MM. SANSOT et Cie, éditeurs, 53, rue Saint-André-des-Arts, à Paris

Imp. RENAUDIE, 56, rue de Seine.

www.ingramcontent.com/pod-product-compliance
Ingram Content Group UK Ltd.
Pitfield, Milton Keynes, MK11 3LW, UK
UKHW012026240726
13965UKWH00002B/588